これからの時代を
生き抜くための

ジェンダー&セクシュアリティ論入門

三橋順子

INTRODUCTION TO GENDER & SEXUALITY STUDIES

JUNKO MITSUHASHI

これからの時代を生き抜くためのジェンダー&セクシュアリティ論入門

はじめに

２０１０年７月のある日、前年に講演に呼んでいただいた山梨県の都留《つる》文科大学の先生から電話がかかってきました。

「ジェンダープログラムの『ジェンダー研究Ⅰ』の講義をお願いできないでしょうか？」「ん？　次年度の講義の依頼にしてはずいぶん早いな」と思いました。ところが、そうではなく、今年度後期の話だったのです。事情を尋ねると、予定の先生がとんずら、もとい、遠くに栄転されて出講不能になり、５００人分の履修が宙に浮いてしまったとのこと。全学生数が４０００人に満たない小さな大学にとって緊急事態であることは、私にもわかります。困って頼られたら、断るわけにもいきません。

「お引き受けしたいと思いますが……、私は大学でも大学院でもジェンダー論はまったく学んでいません。そもそも私の時代にはそんな科目はありませんでした。だから、完全な自己流の〝なんちゃって〟ジェンダー論なのです。それでもよろしいでしょうか？」「もちろん、それで結構です。ああ良かった」というお返事。

それからが大変で、大急ぎで14回分の講義案をでっちあげ、もとい、組み立て、シラバス（講義要綱）を書いて、怪しい履歴書とともに提出し、8月末の教授会で承認され、9月下旬から講義となりました。

講義案では、受講生に関心を持ってもらえるよう、できるだけ身近なテーマを選び、そこからジェンダーやセクシュアリティ的な考察をしていくという構成をイメージしました。自分の専門（トランスジェンダー論）は入れませんでしたが、初回の講義のリアクション・ペーパーで「先生の専門の話も聞きたいです」という要望がかなりあり、シラバスを組み替えて、専門の「トランスジェンダーと社会」を2コマ入れました。そんなこんなで、私の「なんちゃってジェンダー論」が始まりました。

その1年後の2011年の秋、明治大学文学部から『ジェンダー論』の講義をお願いできませんか？」とオファーがありました。すでに都留文科大学や東京経済大学の講義案があったので、すぐに「お引き受けします」と返事をしました。ところが、そこからが大変で……（これについては後［本文236ページ］でお話しします）。

それはともかく、2012年4月、明治大学・駿河台キャンパスのいちばん大きな教室（定員266人）に行くと、文字通り教室から学生さんが廊下に溢れていました。とりあえず、（申し訳ないけど）通路などの床に座ってもらいましたが、それでも収まらず、後ろで20人ほ

【図0-1】明治大学文学部「ジェンダー論」の講義風景（2018年4月10日、撮影：佐々木掌子准教授）

どが立ち聴きという状況でした。

　講義後、事務室に相談に行くと「GW明けには学生は減りますから、しばらく我慢してください」「あの〜。私の講義、今までの傾向として減るどころか増えるのですけど……」。結局、翌週から定員４９２人の大講堂（リバティホール）に移動になりました。

　明治大学（駿河台）では、受講者が多くリバティホールで講義することを「殿堂入り」をもじって「講堂入り」と言うのだそうですが、お陰様で、毎年３００〜４００人の受講者があり、「コロナ禍」で対面講義ができなかった２０２０年を除き、12年連続の「講堂入り」となりました。

　毎年、初回の講義で受講動機を書いてもらうのですが、「先輩に『役に立つから』と勧められて」と書いてくる学生さんがかなりいます。前年に受講した学生さんの評価が伝わってきて、本当にうれしく思います。中には「ガイダンスを聞いた友達に『おもしろいよ』と誘われて履修変更しました」というのもあります（だからGW明けに増える。あれだけ「友達を誘わないように」と言っているのに）。都留文科大学で2010年から始めたジェンダーについての講義も、今年度（2023年度）の明治大学で14年目になりました。長く続けてこられたのも、こうした受講生さんたちの反応が励みになったからです。

この講義録、ジュディス・バトラーも、ミシェル・フーコーも、イヴ・セジウィックも出てきません。専門の学者先生には「ふざけるな！　そんなものは学問ではない」と叱られるでしょう。でも、そんな「ジェンダー&セクシュアリティ論」が10数年間、多くの学生さんの支持を受けてきたのは紛れもない事実です。中には「4年間の大学生活でいちばんためになった講義でした」という感想もありました。うれしいと同時に、「それは、大学教育としてちょっと困ったことだな」と思いましたが。

難解なバトラーの文章を読み解き理論を学ぶことは、たしかに学問だと思います。それは否定しません。しかし、それを学部の一般教養的な授業で講義したとしても、99％以上の学生さんの生活と人生にほとんど役に立ちません。

私は、学生さんたちが社会に出て生きていくために少しでも役に立つ講義をしたいと思いました。それには、自分がトランスジェンダーとして社会の中で生き抜いてきた過程で考えてきたことを伝えることがいちばん参考になるだろうと考えました。それが、たまたま辰巳出版の「これからの時代を生き抜くための」シリーズのコンセプトと合致したということです。

この本は、2020年度、「コロナ禍」で対面講義ができなくなり、オンデマンド講義のために執筆した講義録がベースになっています。毎週1万5000〜2万5000字を執筆し続け、「ジェンダー論」と「セクシュアリティ論」の講義録のダブりを除いた総文字数は約35万字になりました。今回はその約3分の1、ジェンダー論とセクシュアリティ論の基礎篇を収録しました。

きっかけは「コロナ禍」でしたが、内容は都留文科大学「ジェンダー研究I」(2010〜2021年)、明治大学文学部「ジェンダー論」(2012年〜)、関東学院大学人間共生学部「セクシュアリティ論」(2015〜2021年)、東京経済大学コミュニケーション学部「ジェンダー関係論」(2011〜2018年)、早稲田大学理工学部「越境する文化」(2014〜2020年)などの講義を通じて作り上げたものです。たくさんの感想や意見、質問をくださり、私の講義を鍛えてくれた受講生の皆さんに、心から御礼申し上げます。

私は「教育は種蒔《ま》きである」と考えて教壇に立ってきました。この本を通じて、21世紀の日本社会を担う、より多くの方たちに「種を蒔く」ことができれば、とても幸せに思います。

これからの時代を生き抜くためのジェンダー&セクシュアリティ論入門　目次

第1講

「性」を考えることの意味

皆さん、はじめまして、「ジェンダー&セクシュアリティ論」担当の三橋順子です。よろしくお願いいたします。

はじめにこのジェンダー&セクシュアリティ論の目的を4つお話しします。ひとつ目は、人間の「性」の構造やジェンダー&セクシュアリティに関心を持ってもらうこと。ここでカギかっこ付きの「性」と表記する場合は、ジェンダーとセクシュアリティを合わせた意味だと思ってください。

皆さん、この本を手に取ったわけですから、それなりに興味・関心を持っている人が多いと思います。そういう人は、もっと関心を深めてもらえれば幸いです。

「いや、とくに関心はないのだけど、たまたま本屋に置いてあったので」とか、「友達に勧められて」という人もいるでしょう。それでもかまいません。関心がなかった人に関心を持ってもらうのが、著者の腕の見せ所だからです。

2つ目は、ジェンダーという概念が、さまざまな社会的事象を分析する上で「よく切れるナイフ」であることを知ってもらうこと。

ジェンダーやセクシュアリティについての知識も大切ですが、ジェンダー的な視点や考え方を身につけてもらうことで、いろいろな分野に役立てて欲しいということです。

今や、文学、歴史学、社会学はもちろん、心理学などでもジェンダー的視点を無視したら、学問的に時代遅れです。一見、無関係のように思える考古学や地理学でも、ジェンダー＆セクシュアリティの視点は有効です。はばかりながら、セクシュアリティの歴史地理学は、私も開拓者の一人です。

「よく切れるナイフ」とは、外見からは中身がわからないものでも、よく切れるナイフでスパンと切って断面を観察すれば、「あっ、ナッツやレーズンが入ったお菓子なんだ」という感じで正体がわかります。ジェンダーという視点で物事を分析することで、より本質を理解することができるのです。その手法を知って、自分の専門に役立てて欲しいということです。

3つ目は、性別二元論や身体構造を絶対視する性別決定論、異性愛絶対主義にとらわれない、より多元的で多様な性別認識や性愛観、ジェンダーの構築性を理解すること。

「性別二元論」とは世の中には男と女しかいないという考え方です。だいたいは当たっていますが、世の中はそんなに単純ではありません。

「身体構造を絶対視する性別決定論」とは、男性か女性かは身体の構造だけで決まるという考え方です。これもおおむね間違ってはいませんが、それだけではないということです。

「異性愛絶対主義」とは、男性は女性を好きになる、女性は男性を好きになる、それが正しい性愛の形だという考え方です。たしかに女性を好きになる男性、男性を好きになる女性は多いです。だいたい95％くらいでしょうか。でも5％は違うということです。そして大事なことは

「違ってもいい」ということです。

これらの固定的な考え方にとらわれない、より多元的で多様な性別認識や性愛観を知ってもらうことを大きな目的にしています。

さらに、「ジェンダーの構築性」ということを理解して欲しいと思います。ジェンダーは後天的につくられるものだということです。これについては、第2講で詳しくお話しします。

4つ目は、みずからの「性」の有り様を見つめ直し、自分が心地よいジェンダー&セクシュアリティの有り様を探すヒントにして欲しいこと。

ここは大事です。いろいろ知識や考え方を知ってもらった上で、最後は自分にとって、何が心地よいジェンダー&セクシュアリティの有り様かを考えるきっかけにして欲しいということです。学問は他人事ではありません。最後は自分に帰ってくるものでなければならないということです。

これら4つの目的に近づくことによって、皆さんが現代社会の中で出合うさまざまな性現象を冷静に分析できる目を養って欲しいと思います。

死んでも「性」はつきまとう

つぎに「性」を考えることの意味について、5つの観点からお話しします。なぜジェンダー&セクシュアリティ論、もっと砕いて言うと「性」の問題を学ぶ必要があるのか？　というGender&Sexuality Studiesへの導入、動機付けです。

ひとつ目は、「生」と「性」の不可分性ということです。人は生後すぐに、好むと好まざるとにかかわらず男か女かに分けられ（指定され）、男は「男らしく」、女は「女らしく」あることを求められながら成長していきます。そして大多数の人は、男は男として生き、そして死に、女は女として生き、死んでいきます。このように「性」というものは、人間が否応なく一生にわたって背負っていくものであり、つきまとってくるものです。「性」はまさに「生」であり、「生」もまた「性」であり、「生」と「性」は不可分なのです。

しかも、性がつきまとうのは生きている間だけではありません。死んだあとですら、「性」がついてきます。たとえば、仏教のお葬式では、お坊さんから戒名を授かります。本来は出家した際の名前ですが、ここでは死後の名前と考えていいでしょう。それに、男女別があります。男性なら「○○居士《こじ》」、女性なら「○○大姉《だいし》」や「○○信女《しんにょ》」などです。では、トランスジェンダーの人はどちらの戒名になるのでしょう？

『おくりびと』（2008年、監督：滝田洋二郎／主演：本木雅弘）という納棺師を主人公にした映画があります。その中で若くして亡くなったニューハーフさん（男性として生まれながら女性としてダンサーや接客業、あるいはセックスワークをしている人）を送る場面が出てきます。納棺の前に死化粧をするのですが、男性、女性どちらの化粧をしたらいいか納棺師が両親に尋ねるシーンがあります。ここでは、母親が女性として生きたかった息子の気持ちを汲んで「女性の化粧で」と答えるのですが、現実にはなかなかそうもいきません。世間体を重んじる親が、故人の遺志を無視した例を私はいくつも知っています。

2つ目は、「性」を内省することの必要性ということです。みずからの「性」の有り様、つまり、性同一性（Gender Identity）、性役割（Gender Role）、性的指向（Sexual Orientation）などをまじめに考えることによって、人は自分の「性」の中に存在する微妙な引っかかり、違和感を知ることができます。そして、その違和感をどのように処理するか、どういう方法で解消するか、あるいはそれを抱えたまま折り合いをつけるか、あきらめてしまうかを考えるのです。そのための方法を模索することは、人が生きていく上で大事なテーマのひとつになります。「性同一性」とは、簡単に言えば、自分のことを男と思っているか、女と思っているかということ。「性役割」は、社会の中で男女どちらをしているかということ。「性的指向」は、男女どちらを好きになるかということ。これらについては第4講で詳しく解説したいと思います。

残念なことに、日本の学校教育には、自分の「性」についてじっくりと考える機会がほとんどありません。性教育の授業で教えられるのは、妊娠の仕組みと避妊の仕方くらいでしょう。

それもかなりレベルの低い、まどろっこしい知識の提供です。考える機会がないので、自分の「性」の引っかかりに気づかない、気づかないから考えない、の悪循環です。自分の「性」に引っかかりがあること、違和感があることは悪いことではありません。「何か友達と違うんだよな」「どこかしっくりこないんだよね」と悩み、考えることは、その時はつらくても、けっして無駄ではないのです。私も若い頃ずいぶん悩みましたが、そのおかげで今、こうして皆さんにお話しできるのですから。

性別二元社会の仕組みを知る

３つ目は、性別二元社会の仕組みを知るということです。現代日本は、性別二元社会です。人は社会の中で男であるか、女であるかを求められます。男女どちらでもないことはほとんど許されません。こうした性別二元社会はジェンダーを二分化する装置であり、その二分化されたジェンダーを前提としたセクシュアリティに関わるさまざまな装置に満ちています。それらの仕組みを知り、そのからくりを見破ることは、性別二元社会の中をいたずらに流されず、自分の心地よいジェンダー&セクシュアリティの有り様を見つけ出すために必要なことだと思います。

「ジェンダーを二分化する装置」と言うと難しく聞こえるかもしれませんが、「仕組み」と言い換えてもいいでしょう。たとえばトイレです。男性か女性か2つの入口しかありません。トイレに入ろうとする人は否応なくどちらかを選ばざるを得ません。トイレという「装置（仕組み）」によって人は2つに分けられることになります。

20年ほど前、あるニューハーフさんが言っていたギャグに「トイレ、どっちに入ろう？ と悩んでいたら、真ん中にドアがあった。あっ、ここがあたしのトイレだ！ と思ってドアを開けたら、モップやバケツが出てきた」という話があります。昔、掃除用具入れだったところに、今は「多目的トイレ（東京都の名称は「だれでもトイレ」）」が設置されるようになり、トランスジェンダーのトイレの悩みはだいぶ減りましたが、その「多目的トイレ」すら、男女別に設置しようという動きがあるわけで、社会の性別二分化圧力は、いまだにかなり強いものがあります。

「二分化されたジェンダーを前提としたセクシュアリティに関わるさまざまな装置」というのは、こんなことをイメージしてください。新宿歌舞伎町のキャバクラの前を女性が通れば、呼び込みのおじさんに「お嬢さん、面接していきませんか？ 今日、店長いますから」と声をかけられます。それに対して、男性が通れば「お兄さん、今の時間なら3000円でいいですよ」と呼び止められます。女性は従業員（キャスト）候補として、男性は客候補として扱われます。さらに言えば、それがホストクラブの前なら扱いが逆転するわけです。つまり、接客をともなう、セクシュアリティへの期待を抱かせる酒場という「装置（仕組み）」では、ジェンダーによって明確に役割が異なってくる、ということです。

こうした男女二元システムの中では、最近増えている「Xジェンダー」とか「ノンバイナリー」と言われる男でも女でもなく生きたい人たちは、常に男女「どっちなんだ？」という圧力にさらされ、とても生きにくいのです。むしろ、私のようにトランスジェンダーで、生まれ持った性とは違っても、どちらかの性に帰属してしまったほうがまだ生きやすいわけです。

最初にも言いましたが、学ぶことの最終目的は自分自身のためです。「自分の心地よいジェンダー＆セクシュアリティの有り様を見つけ出す」ことは、ジェンダー＆セクシュアリティについて学んだ成果を、他人事ではなく自分の人生のために役立てるということです。言い方を換えれば、客観的に考えると同時に、自分に引き付けて考えてみましょうということです。

4つ目は、女性と性的マイノリティの役割についてです。このようにみずからの「性」を考え、社会的な「性」の仕組みを知ることは、人が自分らしく生きていく上で大切なことです。にもかかわらず、多くの人にとって、そうした機会は多いとは言えません。こうした「性」の有り様を真剣に考えることを重ねてきたのは、社会の中で性的弱者である女性、あるいは性的に少数者である非典型な「性」の人たち（ゲイ／レズビアン／バイセクシュアル／トランスジェンダー＝L／G／B／T）でした。彼女／彼らは、「性」に関わる社会的抑圧をより多く体験するがために、あるいは「性」の有り様が多数派（マジョリティ）とは異なるために、「性」の問題を敏感に、そして真剣に受け止めて考えざるを得なかったのです。いっぽう、社会的に性的強者であることを自認してきたヘテロセクシュアル（異性愛）の男性は、一般的に性的事象には敏感でも、みずからの「性」の問題にはきわめて鈍感で、内省的になることは稀でした。

引っかかりがきっかけになり考える――。つまり、たくさん引っかかる人がたくさん考えることになります。私の世代ですと「女の子なんだから（大学には行かず）高校まででいいだろう」といった話は珍しくありませんでした。あるいは、サッカーが好きな女の子でも「女の子なんだから」という理由でサッカーはできませんでした。「なんで女の子は駄目なの？」と聞いても「当たり前でしょ。女の子なんだから」と理不尽な答えしか返ってきません。だから考えるのです。

自分が性的に非典型なことに気づいても、情報は少なく、「それでいいんだよ」と肯定してくれる人は周囲にいません。ですから自分で真剣に考えるしかないのです。逆に、性的に何も引っかからずに成長した人は、考える機会がありません。男の子として制約なく育ち、女の子を好きになり、適当に遊んで、結婚する。自分の「性」に悩んだことがないので、「性」に向き合う必要のなかった鈍感な男性は、今の50代以上の世代にわりと多くいます。

性的強者としてふるまってきた男性たち

５つ目は、「性」を考えることの普遍性と今日性です。現代において、性的強者であるはずのヘテロセクシュアル男性の「性」の有り様は、買春、セクシュアル・ハラスメント、ドメスティック・バイオレンス（ＤＶ）など、さまざまな方向から批判にさらされ、恋愛・結婚の困難などに見られるように、実態的にも性的強者の立場から、すべり落ちつつあるように見えます。そうした中で、性的強者であることの幻想性に気づく男性も増えてきています。こうして「性」の有り様、「性」と社会の関係を真剣に考えることは、マジョリティである男性・女性、Ｌ／Ｇ／Ｂ／Ｔなどを問わず、すべての人々にとって避けて通ることができない、切実かつ今日的な課題になってきました。そしてそこに「性」と社会との関係を分析する学問、ジェンダー＆セクシュアリティ学（性社会学）の必要性が見えてくるのです。

「買春（かいしゅん）」とは、お金で性的サービスを買うことです。一般的には男性が女性を「買う」行為が多いわけですが、「売春（ばいしゅん）」と音が同じになり、紛らわしいので「かいしゅん」と発音しています。一緒に「買売春（ばいばいしゅん）」とも言います。

日本の男性たちの中には、１９７０年代から90年代に入るころまで、団体で東南アジアに旅行し、集団で買春していた人たちがいました。欧米の男性も買春はします。でも団体ではしません。ところが日本人は集団でやる。だから目立ちます。バンコクのホテルのロビーに現地の女性を並べて、会社の偉いさんから順番に気に入った女の子を選んで部屋に連れていくようなことを平然とやっていました。

私は1990年頃に、韓国・釜山《プサン》周辺の遺跡の学術調査に行きましたが、日曜日の朝、ホテルのレストランでの光景を見て本当に驚きました。日本人の男性と韓国人の女性のカップルばかりなのです。そもそもホテルの朝食会場のテーブルが2人掛けになっています。韓国の研究者に聞いたところ、九州からの団体客で、土曜日の昼に韓国に着きゴルフを1ラウンドして、ホテルに帰ると女性が待っていてセックスして泊まり、翌日は一緒にゴルフをして、夕方、日本に帰る、一泊二日のゴルフ&買春ツアーとの説明でした。

そうした集団買春やセクシュアル・ハラスメントが社会的に批判されるようになったのは1990～2000年代になってからです。それ以前は、誰もがしていたとは言いませんが、それなりに「当たり前」の行為だったのです。そうした行動を恥ずかしいと思わない感覚は、一度、身についてしまうとなかなか直るものではありません。セクハラにしろDVにしろ、悪いことだと自覚がない世代は、残念ながら日本社会にまだまだいます。なんの疑問もなく自省もなく、性的強者としてふるまうことができた男性たちです。

「ホームレスはなぜ男性が多いのか」を考える

そのいっぽうで、男性が社会的強者とはもう言えない状況も生じています。皆さん、ホームレスの性別を考えたことはありますか？　「ホームレスの〝おじさん〟」が当たり前になっていませんか？　実際、ホームレスの男女比（性比）は95対5くらいで圧倒的に男性が多いのです。最近、女性のホームレスが増加してこのくらいです。なぜ、ホームレスには男性がこんなに多いのでしょうか？　なぜ、社会的に強者だったはずの男性たちがこうした境遇に陥ってしまうのでしょうか？　答えはなかなか難しいです。

今回の「コロナ禍」でも、コロナ感染症死者数を見ると、死亡者全体の性比は男性1・35対女性1ですが、60代以下の年代では、だいたい3対1で男性が多いのです。同じウィルスによる感染症なのになぜ性比がかなり偏るのか？　男性に基礎疾患のある人が多いなどの医学的な原因だけでなく、社会的な原因、たとえば社会的な「縁」が薄く、対処が遅れる男性が多い？といった可能性も考えられます。

このように性比が偏る場合、そこには必ず理由があるはずです。それを考えるのも、ジェンダー&セクシュアリティ学の役割です。

かつて、ジェンダー&セクシュアリティ学の対象は、社会的弱者である女性や性的マイノリティでした。女性学やL／G／B／Tを対象にしたクィア・スタディーズがそれです。でも、もう、そういう時代ではありません。男性もその対象です。ただ、残念なことに男性学の研究蓄積は、女性学はもちろん、クィア・スタディーズに比べても乏しいのが現状です。男性の性行動の学問的分析・研究も必ずしも多くありません。先ほどの、ホームレスはなぜ男性ばかりなのか？　といった設問に答えられる学問的蓄積が少ないのです。

仮説はいろいろ立てられると思います。たとえば「女性は性風俗産業など就労の受け皿があるから」とか。しかし、高齢の女性の場合、それは必ずしも当てはまりません。「女性のほうが生活保護を受けやすいから」。これも、そういう傾向がないとも言えませんが、ホームレスは収入だけの問題なのか？　といった疑問が浮かびます。

これは、ホームレスをどう定義するのかの問題にもなってきます。文字通り「家がない人」という定義。それなら福祉政策的に住居を提供すれば解決できます。あるいは「収入が乏しく生活に困窮している人」という定義。それなら、生活保護を支給すればいいわけです。しかし実際には、そうした方法でホームレスはいなくなりません。

私は、ホームレスは「社会における関係性を失ってしまった人」と考えています。「社会における関係性」は「縁《えん》」という言葉で表現できます。家族の縁、地域の縁、仕事の縁を失って「無縁」になってしまった人が「ホームレス」なのです。単なる仕事や収入の問題ではなく「社会的関係性」の問題なので、解決が難しい。本人が再び「縁」を持つ気にならないとなかなか抜け出せないのです。

このようなことを踏まえて、「ホームレスはなぜ男性が多いのか？」の設問は「なぜ男性は社会的関係性を失いやすいのか？」という設問に置き換えることができます。ただ、専門外の私が考えられるのはここまでです。そこから先は、地道な調査研究が必要になりますし、おそらくジェンダー論を含む社会学的な視点だけでなく、心理学的な分析も必要になるでしょう。

伝えたいのは、「違いがあっていいんだよ」

第1講の最後に皆さんに伝えたいのは「違いがあっていいんだよ」ということです。人はみな違うのは当たり前だし、違いがあっていいのです。その違いを個性として生かしましょう、ということです。私は、柄にもなくサインを求められたとき、とくに若い方やマイノリティ性がある方には「違いがあっていいんだよ」と添え書きします。私の考え方の基本だからです。

それでは、今回はここまで。何か質問ありますか？

質問：カミングアウトされたときのリアクションとしてベストなものを教えてください。

回答：難しいですね。拒絶的だったり、揶揄するような対応がNGなのはもちろんですが、あまり重く受け取るのも、カミングアウトした側にとっては負担になります。ベターな対応は「ふ〜ん、そうなんだ。言ってくれてありがとう」という感じではないでしょうか。なにより大事なことは、相手の気持ちに寄り添うことです。

質問：言われて嫌な言葉を教えてください。

回答：私に限らずTrans-womanの場合、いちばん嫌なのは「おかま」ですね。「おかま」は江戸時代の俗語（スラング）で「尻の穴（肛門）」を指す言葉です（対になるのが女性器を指す「おなべ」）。それが肛門性交をする男娼（男性のセックスワーカー）を意味する言葉「おかま屋」になり、さらに1970年代以降、雑誌メディアなどによって、Trans-womanや女性的な男性同性愛者の蔑称になりました。差別的な意味合いで使われてきた言葉ですから、当事者が自称として使う場合を除き、他称として使うべきではないと思います。

第2講

ジェンダーを考える

第2講は、「ジェンダーを考える」です。ジェンダー論の基礎を1回でやってしまうことがそもそも無理なのですが、まあ頑張ってやりましょう。

ジェンダーは「性差」だけではない

まずジェンダーとは何か？　の定義から入りましょう。私は人文・社会科学系の学問の定義は、自然科学系と違って、複数あっていい、多義的でいいと考えていますので、3つの定義をお話しします。

まず、ひとつ目。いちばん簡単に言えば、ジェンダーとは「社会的、文化的性」となります。それではなんのことかよくわからない、もう少し説明をして欲しいということでしたら、ジェンダーとは「人間が生まれたあと後天的に身につけていく性の有り様」と言い換えることができます。ここで大事なことは「後天的に」の部分です。したがって、ジェンダーとは「身体的性（先天的性）であるセックス（Sex）とは基本的に別次元のもの」となります。つまり、ジェンダーとセックスは一致する場合が多数ではあるけれど、一致しない場合もあるということです。たとえば、生まれたときに割り当てられた性別（Sex）とは別の性別（Gender）を生きるトランスジェンダーは、ジェンダーとセックスが一致しません。

もう一点、注目して欲しいのは、私が「性の有り様」と定義したことです。多くのジェンダー論の先生、とりわけフェミニズム系の先生は「性の有り様」の部分を「性差」と表現します。ジェンダーとは性差であるといった定義ですが、私は、ジェンダーは性差だけではなく、性差を含む性の有り様と考えています。なぜなら、ジェンダー＝性差とすると、視野が狭くなってしまい、社会の中のさまざまな性現象が捉えにくくなるからです。もちろん性差の視点は重要です。でも、性差がすべてではないという立場です。

2つ目の定義。ジェンダーとは「社会（文化）によって想定され、要求される『男らしさ』『女らしさ』」となります。ジェンダーを「男らしさ」「女らしさ」で定義すると一見、わかりやすいように思えるのですが、実はそう簡単ではありません。

「男らしさ」「女らしさ」とは、ある社会に生まれた者には、動かしがたい絶対的な属性（「常識」）のように思われますが、本来は相対的なものだからです。言い方を換えれば、社会によって、つまり地域・時代によってジェンダーの内実（「男らしさ」「女らしさ」）は異なるものになるということです。

たとえば、私の世代は、転んで膝を擦りむき泣いたら、両親からも周囲の人たちからも「男の子なんだから泣かない！」と言われて育ちました。なぜ男の子は泣いたらいけないのか、それは誰も説明してくれません。それが「当たり前」で、その社会の「常識」だからです。でも、どの時代もそうだったのでしょうか？

平安時代中期の『源氏物語』の主人公・光源氏はしばしば泣きます。では、光源氏が「男らしくない」かと言えばそうではありません。涙を流すことは豊かな感受性の表明であり、すてきな男性であることの証明なのです。これは物語の中だけの話ではなく、同時代の権力者・藤原道長も日記『御堂関白記』を読むとけっこう涙を流します。少なくとも平安貴族は「男なんだから泣かない！」とは考えていなかったと思います。

では、いつから「男なんだから泣かない！」になったのか？　おそらく江戸時代の武家の規範でしょう。戦国時代くらいまでは武士も時には泣いたはずです。そうした江戸時代に形成された武家の規範が、明治時代になって、学校教育を通じて士族以外の庶民にまで広められたのではないか？　と推測しています。しっかりと調べたら『涙の日本史』みたいな本になると思います。

ちなみに、こうした武家の規範が、近代になって武士という階層がなくなったのにもかかわらず、学校教育によって広く国民全般に広められたことを「サムライ（侍）ゼーション」と言います。文化人類学者の梅棹忠夫先生が提唱した概念ですが、「性」に関わる規範ではこのサムライゼーションによるものがかなり多くあります。

明治〜昭和戦前期の政治家や軍人が髭を蓄えていたわけ

「男の子なんだから泣かない！」は時代によって「男らしさ」が変わった例です。つぎに、地域によって違う例をあげましょう。男性の髭《ひげ》は身体の一部なので、その存在そのものはジェンダーとは言えません。しかし、その髭をどうするのか、伸ばすのか、剃るのかになると、これはジェンダーの領域になってきます。

現代の日本社会は、男性が髭を剃る文化です。剃らないと「無精髭」と言われます。学生なら許されますが、ビジネスマンとしてはNGです。ところが、企業の中でも髭を剃らずに蓄えている人がいます。それは、イスラム世界を相手にする人、たとえば商社の石油輸入担当で、中東で交渉する人などです。イスラム世界では、髭は「男らしさ」の象徴、一人前の男の証明なので、髭がないと相手にされません。だから髭を伸ばすのです。

また歴史の話になりますが、日本の男性も髭を伸ばしていた時代がありました。平安時代までは剃っていましたが、中世になると、髭を蓄えるようになります。ところが江戸時代になると、また剃るようになります。江戸時代で髭を剃っていないのは、社会の一線からリタイアしたご隠居さんか、社会階層の低い人、さらに言えば泥棒のような悪人です。社会で現役の人は、

【図2-1】（左）髭を剃っている維新前の大久保（国立歴史民俗博物館所蔵）、
（右）髭を伸ばしている維新後の大久保（国立国会図書館所蔵）

武士も商人もかなりきちんと髭を剃っています。

髭を蓄えた写真が有名な大久保利通も、明治の初めまでは髭を伸ばしていませんでした（図2―1）。それが、岩倉使節団で欧米に視察に行くと、向こうの偉い人がみんな髭を蓄えています。それを真似て、帰りの船で髭を伸ばし始めたのでしょう。そういうこともあり、明治～昭和戦前期の政治家や軍人には髭を蓄えている人が多くいます。

ということで、「男らしさ」「女らしさ」は、時代や地域によってかなり変わるもので、簡単に言えるものではありません。

「男らしさ」「女らしさ」の問題で重要なことは、男女不平等な男性優位な社会では、「男らしさ」の誇示、「女らしさ」の強要が、女性に対する抑圧装置（男性にとっては権力装置）として機能することです。ジェンダーの権力性です。たとえば「女に学校教育はいらない」といった考え方です。無学・無知であることを「女らしさ」と結びつけ、女性の就学の機会を奪い、社会的地位の向上を制約し、社会的に抑圧していくのです。

それはけっして過去のものではなく、現代でもイスラム原理主義が強い地域などでは現実問題として存在します。2014年に17歳の若さでノーベル平和賞を受賞したパキスタンの少女マララ・ユスフザイさんは、女子教育を否定するイスラム原理主義者によって、中学校のスクールバスを襲撃され、重傷を負います。幸い命を取り留め、以後、文字通り命がけで、女性が教育を受ける権利を訴え続けている人です。マララさんの事例は、「女らしくない」という決めつけ、「女らしさ」の強要、それに従わない女性の抹殺というジェンダーの権力性の露骨な表れであり、性差別です。

性差＋マイナスの価値づけ＝性差別

ここで、性差と性差別について考えてみましょう。性差とは、文字通り男女間の差異です。男性と女性は、遺伝子や性染色体の違いに基づく身体構造に明確な差異があります。女性は基本的に妊娠・出産の機能を持っていますが、男性にはそれはありません。早い話、私のようなTrans-womanはどれほど頑張っても、子どもは産めません。そうした男女の差異にマイナスの価値づけをしたのが性差別です。つまり「性差＋マイナスの価値づけ＝性差別」という図式になります。ここは大事なポイントです。

「女性は妊娠をする」これは性差です。そこに「だから会社では使い物にならない」といったマイナスの価値づけをしたら、それは性差別（女性差別）になります。「男性は力が強い」一般的にはそうかもしれません。しかし、「だから粗暴で物を壊す」といったマイナスの価値づけをして、公共施設などへの入場を「禁止」にしたら、それも性差別（男性差別）になります。

たとえば、ゲームセンターのプリクラコーナーの入口に「男性のみのお客様はご遠慮ください」という掲示を見かけることがあります。理由は書いてありませんが、男性だけのグループは機械を壊すという認識があるようです。あるいは、男性が物陰に潜んで女性を襲う危険性があるためという説もありますが、それは明確な性犯罪です。

私がこのプリクラコーナーの掲示の問題性に気づいたのは、男女のカップル、レズビアンのカップルはプリクラを撮れる。でも、ゲイのカップルはプリクラを撮れないという話を聞いたときでした。おそらく、この掲示が設けられたとき、プリクラを撮りたがるゲイカップルがいるという想定はしていないでしょう。つまり、この掲示は男性差別であると同時にゲイ差別でもあるのです。

ジェンダーの定義３つ目。「具体的には、服装・化粧・髪型・しぐさ・言葉づかい・社会的役割など性に関わる体系的な文化事象の総体」となります。なんだか文化人類学っぽいですね。

つぎに述べるように、ジェンダー記号はひとつではなくいろいろあります。それらは単独で機能しているのではなく、けっこう体系的・複合的に機能しているということです。

そして、ジェンダーとは「性」に関わる要素（第４講で詳しく説明します）のうち、Gender Identity, Gender Role, Gender Expression、さらにはイメージ化された身体などを中心とする概念、という説明もできます。

「人は女に生まれるのではない。女になるのだ」

さて、ジェンダーの構築性についてです。ジェンダーの定義のひとつ目で、「人間が生まれたあと後天的に身につけていく性の有り様」と説明しました。この「ジェンダーの後天性・構築性」を最初に指摘したのが、フランスの哲学者・文学者のシモーヌ・ド・ボーヴォワール（１９０８〜１９８６年）です。ボーヴォワールは、『第二の性』（１９４９年）の中で、つぎのように言っています。

「人は女に生まれるのではない。女になるのだ」

女性は、女として生まれつくのではなく、成長の過程で後天的に女としてつくられる。さらに補って言えば、女性は、女として生まれつくのではなく、成長の過程で社会的に、男性の都合がいいように女としてつくられるのだということです。

女性の性の有り様を、生得的な身体の構造と分けて、後天的に構築されるもの（ジェンダー）と看破したこの言葉は、戦後（20世紀後半）における、第2波フェミニズムと称される女性権利運動と、それに立脚した女性学の出発点になりました。

ただし、男性として生まれ育ち、人生の途中で女性ジェンダーを構築したTrans-womanの私からすると、女性ジェンダーが後天的に構築されると同様に、男性ジェンダーもまた後天的に構築されていきます。つまり、「人は男として生まれつくのではなく、男としてつくられる」ということです。たとえば、前掲の「男の子なんだから泣かない！」の話ですが、そう言われながら育てられると、おそろしいことに、本当に悲しくても泣けなくなるのです。Trans-womanが男性から女性に移行する際、女性ジェンダーの獲得の問題ばかりが指摘されますが、実は女性ジェンダーの構築の前に、それまでに身につけてしまった（身につけさせられた）男性ジェンダーの削ぎ落としがかなり難しく、大変なのです。

さて、つぎは、そうしたジェンダーの構築は何によってなされるかです。それは、ジェンダー記号によっておもになされます。ジェンダー記号とは、具体的には身体的性差の強調、ファッション（服装、化粧、髪型、アクセサリー）、しぐさ、言葉づかい、などです。その多くは目で見てわかる可視的な記号です。身体的性差の強調とは、女性が胸のふくらみ（乳房）をブラジャーで寄せて上げて目立たせるとか、男性が髭を伸ばすとかです。

ジェンダー記号を自由に操作することにより、ジェンダー・イメージは自在に変えられます。ただし、記号を操作するテクニックが必要になります。さらに言うと、テクニックを身につけるにはトレーニング（練習・訓練）をしなければなりません。たとえば化粧は多くの場合、女性のジェンダー記号です。化粧する人はわかると思いますが、化粧はすぐ上手にできるものではありません。なぜなら完全にテクニックだからです。化粧を始めたばかりの人はやはり下手です。何度も練習をしているうちに、あるいは教わったり工夫したりしてだんだん上手になるものです。そうしたジェンダー記号の操作の結果、ジェンダー・イメージ（見かけ上の男らしさ、女らしさ）が構築されるわけですが、同時にそれは可変性があるということです。

たとえば、女性が身体のラインがはっきり出るファッションをすれば、女性としてのジェンダー・イメージは強調されます。逆に緩い服で身体ラインを隠せば、女性としてのジェンダー・イメージは弱まります。つまり、ジェンダー記号の操作によって「男らしさ」「女らしさ」の強調・隠蔽、さらには逆転（ジェンダーの越境）が可能になるのです。

【図2-2】「女形芸者」まつ乃家栄太朗さんの艶姿（2016年）

図2−2は、私の知人（というか私がファン）の、まつ乃家栄太朗さんという芸者さんです。ただ、一般的な芸者さんと違うのは、身体的には男性だということです。

ご本人は「女形《おやま》芸者」と名乗っていますが、私は歴史的に「女装芸者」（男性だけど女装して、女性の芸者と同じようにお座敷を務める人）と言っています。そういう女装芸者さんは、明治から昭和時代まで、数は少ないものの、各地にいたことが（私の研究で）わかっています。今は、栄太朗さん、ただ一人になってしまいました。まさに絶滅危惧種ですね。

それはともかく、栄太朗さんの姿、しぐさ、踊り、見事に女性的です。まあ、意地悪く見れば、帯の下の腰の張りが乏しい（骨盤の構造の男女差）ことに気づきますが、それは私が「男女の見分け」の専門家だからであって、普通はまず気づきません。栄太朗さんは、女性ホルモン投与などはまったくしていないので、その女っぷりは、ジェンダー記号の操作と、長年の習練による身体の使い方によって構築されたものです。

「ジェンダーをする」という考え方

ここで〝Doing Gender〟についてお話ししましょう。直訳すると「ジェンダーをする」という意味です。〝Doing Female Gender〟「女をする」、〝Doing Male Gender〟「男をする」といった考え方です。こうした発想は、「ジェンダー＝性差」の狭い定義からは出てこないので、日本ではほとんど語られません。私は、台湾におけるジェンダー&セクシュアリティ論の第一人者である何春蕤《ジョセフィン・ホー》先生（台湾国立中央大学教授）に教えていただきました、というか、見解が一致しました。

ジェンダーが後天的に構築され、可変的なものであるならば、それを「する」「しない」の選択ができるはずです。つまり、女性が「女をする」かどうか、男性が「男をする」かどうかは強制されるものではなく、自分で決める。ジェンダーの押しつけから脱却する。それがgender free（ジェンダー・フリー）、ジェンダーの自己決定です。

男性が「男らしく」したい（ただし、女性に抑圧的でない限り）、女性が「女らしく」したいのも自由、したくないのも自由、自分で決めることです。ここで大事なことは、ジェンダーの自己決定は、できるだけ制約のない自由な環境でなされるべきであり、なされた自己決定は周囲の人々、さらに社会によって尊重されるべきであるということです。

ただ、ジェンダーとは「社会（文化）によって想定され、要求される」と定義したように、社会はジェンダーの自由な自己選択・自己決定を妨げる性質を持っています。それにどう抵抗し脱却していくかが、今後のジェンダーの有り様の大きなテーマになると思います。

ちなみに、ジェンダー・フリーを「男女の性差をなくすこと」と解釈するのは誤りです。性別による差別（性差別）はなくさなければいけませんが、男女の身体構造差がある限り、男女の性差はなくなりません。性差をなくそうとするフェミニズムの主張はナンセンスですし、それを批判する保守派の主張もずれています。なくすべきは性差ではなく性差別です。そこのところを混同してはいけません。

「ジェンダーをする」、そしてそれは自己選択・自己決定であるならば、男性が「女をする」、女性が「男をする」選択（トランスジェンダー）も可能です。あるいは、男女どちらでもないノンバイナリーな選択もありです。いま世界では、そうしたトランスジェンダーやノンバイナリーの自己選択・自己決定を擁護する人権派の活動と、その潮流をなんとか阻止し、トランスジェンダーを社会的に排除しようとする保守派の動きがせめぎあっています。

Trans-woman の女子大学受け入れ問題

つぎに、ジェンダー概念の問題点を指摘しておきましょう。

それは「ジェンダー概念もまた男女二元論の枠組みに縛られているのではないか？」ということです。私の立場からすると、これがいちばんの問題点だと思います。具体的に言えば、「男でもあり女でもある」あるいは「男でもなく女でもない」存在、さらには「男女とは別の第三範疇」（サード・ジェンダー）を認めるのか否かになります。

ジェンダーの概念をベースに女性の権利を獲得しようとするフェミニズムは、常に「女VS男」の構図で理論を構築し戦ってきました。そこに、第三範疇的な存在を認めると、「女VS男」の対決構造が緩くなる、もしくは崩れる、だからそういう存在は認めないフェミニストがそれなりにいました。そして現在でもいます。もちろん、トランスジェンダーやサード・ジェンダーの存在を認めるフェミニストも増えています。私は年齢的に、第三範疇を認めない、旧世代のフェミニストを相手にすることが多く、いろいろ苦労したこともありました。もちろん、第三範疇を認める、あるいは女性として包摂（inclusion）するフェミニストにたくさん助けられてきましたが。

そうしたフェミニズムの運動の中で、「女性とは何か?」「男性とは何か?」の議論が、しばしば繰り返されます。先天的な身体的性と、後天的に構築されるジェンダーとは別次元のものとするジェンダー論の基本からすると、社会の中で構築されたジェンダーの有り様こそが重視されるはずです。つまり、女性ジェンダーを構築したTrans-womanは女性として、男性ジェンダーを構築したTrans-manは男性として包摂されるべきということになります。ところが一部のフェミニストは、なぜか、そして、しばしば女（男）であることの根底を身体的性（Sex）に求めようとします。女の身体を持って生まれ育った者だけが女性といった考え方で、身体本質主義への逆行にほかなりません。

それが噴出したのが、Trans-womanの女子大学受け入れ問題でした。2018年7月、お茶の水女子大学が2020年度からのTrans-womanの受験生の受け入れを表明しました。多くのマスメディアは好意的に報道しましたが、SNS上では、フェミニストを名乗る人たちの反対意見が急激に高まりました。Trans-womanを女性として包摂しないだけでなく、性犯罪者（もしくはその予備軍）とみなし、女子学生の安全のためと称して、女性の専有空間（ここでは女子大）から排除しようとする主張です。

女子大には、男性の教員・職員もいます。単位交換制度や研究会などで他大学の男子学生も入ってきます。にもかかわらず、Trans-womanだけを女子学生の安全を脅かす存在として標的にするのは、そこに根深いTransphobia《トランスフォビア》（トランスジェンダー嫌悪）があるからです。

20世紀後半の第2波フェミニズムが欧米中心の、白人の、比較的富裕な女性たちの運動であったのに対し、20世紀末に始まる第3波フェミニズムの課題は、人種、民族、宗教、階級、貧富、セクシュアリティ、ジェンダー・アイデンティティなど、多様な女性をどう包摂していくのか、という点にありました。そのキーワードは、ダイバーシティ（Diversity：多様性）とインターセクショナリティ（Intersectionality：交差性）です。ジェンダー・アイデンティティについて言えば、女性ジェンダーを構築したTrans-womanを女性として包摂するのか？になります。欧米のフェミニズムの主流は、「当然、包摂する」です。

ところが、２０１０年代になると、身体本質主義に基づいてTrans-womanを女性に包摂せず、社会的に排除しようとするＴＥＲＦ《ターフ》（Trans-Exclusionary Radical Feminist＝トランスジェンダーを排除する本質主義フェミニスト）の活動が欧米で高まり、その影響が日本にも及んできます。先に述べたTrans-womanの女子大学受け入れ問題への非難も、そうした状況が背景にあります。

フェミニズムと一部のフェミニストへの批判が長くなりましたが、もっと前向きな話をしましょう。人間の「性」は先天的なセックスと、後天的に構築されたジェンダーから成り立っています。となると、どこまでが構築し得るもので、どこからが構築し得ないものなのか？

という疑問が浮かびます。私は自分のジェンダーを男性から女性に移行する努力をしながら、「ここから先はいくら努力しても無理」といった壁のようなものを感じました。

その最大のものは、本講のはじめのほうでも触れましたが、妊娠・出産の機能です。もっと日常的には骨格です。構築の限界を感じると同時に、その境界を見極めることに興味を抱きました。その結果、ジェンダーとセックスの境界は1本の線（境界線）ではなく、ある程度の幅をもった境界領域のようなイメージに至りました。そして、その境界領域では、ジェンダーとセックスとが相互に影響を及ぼしている、その関係の分析が重要なのではないかと思うようになりました。

「ジェンダー化された身体」という概念

そうした身体とジェンダーの相互関係については、大阪大学に長くいらした荻野美穂先生が「ジェンダー化される身体」という概念を提起されています。「ジェンダー化された身体」とは「〈女〉および〈男〉という性の違いが所与の大前提として設定された文化の中で、それにそって訓育され、立ち上げられ、生きられていく身体」「社会的性差をあらかじめ組み込まれた身体」と定義されています。ちょっと難しい内容ですね。私は、荻野先生にお目にかかったときに尋ねました。「女性の乳房は大きいほうが魅力的だとされる社会では、女性の乳房は大きくなっていくといったことでしょうか?」。それに対して先生は「う〜ん、そういうこともあるわね」と応じられて、まあ、当たらずといえども遠からず、でも、ちょっとずれている。そんな感じだったと思います。

つまり、社会の中で身体は独自に存在しているのではなく、社会が設定した文化や規範に常に影響されているということです。ですから、セックスとジェンダーを単純な二項対立的に捉えるのは誤りなのです。さらに私は、身体がジェンダーによって訓育されると同時に、ジェンダーも身体によって規制されると考えました。ジェンダーとセックス（身体）の境界領域では、ジェンダー化される身体と身体に規制されるジェンダーの相互影響関係があるのです。

身体構造の性差にジェンダーが付与される

難しいでしょうか?　では、身近な具体的な例で考えましょう。

「ジェンダー化された身体」の事例としては、私が荻野先生に質問した女性の乳房が身近な例です。女性の乳房は大きいほうが魅力的だとされる社会（実はそうした概念が固定化されたのはそれほど昔ではありません）では、女性はブラジャーなどで、乳房を寄せて上げます。それ

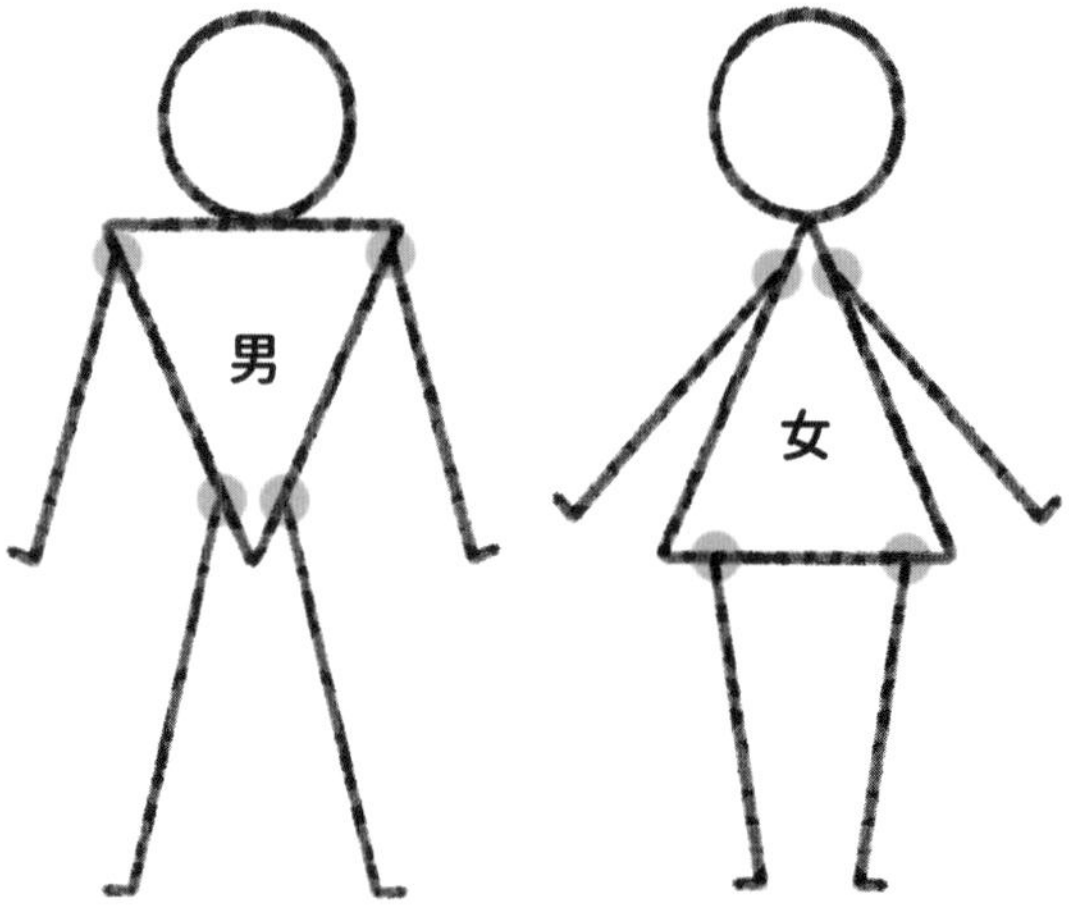

【図2-3】男女の身体と関節のイメージ図

を繰り返しているうちに、乳房がそういう形・大きさに近づいていきます(個人差はあります)。あるいは、寄せ上げられ、パットが入ったふくらみが、本当の乳房であるかのように認識されます。それはもう、オリジナルな身体ではなくジェンダー化された身体なのです。

つぎは、「身体に規制されるジェンダー」の例として、男女の関節構造の性差がしぐさ（立ち方、腕の使い方）の性差になり、そこにしぐさの「男／女らしさ」（ジェンダー）が付与されるという話をしましょう。

図2－3は、男女の身体と関節のイメージ図です。男性のボディは肩幅が広く骨盤の幅が狭い逆三角形、女性のボディは肩幅が狭く骨盤の幅が広い三角形にイメージされます。丸は肩関節と股関節の位置です。

そのイメージを頭において、図2－4の男女の立ち姿を想像してみてください。男性は、両足を少し開いて、その間に重心が落ちるような安定的な立ち方をします。安定的と表現したのは、骨盤と股関節の構造的にこの姿勢が楽なのです。それに対して、女性は片足に重心が乗ります。重心が乗る軸足は人によって違いますが、重心が乗っていない足は横、後ろ、前など自由に置けます。いわゆる「コンパニオン立ち」などがそれです。時には鶴のように片足を上げて立っていたりします。男性から見るとなんだか大変そうですが、女性は骨盤と股関節の構造的にこうした立ち方が比較的楽なのです。楽と言うと語弊があるかもしれませんが、自然にできる人が多いのです。男女でかなり違うことがおわかりになると思います。

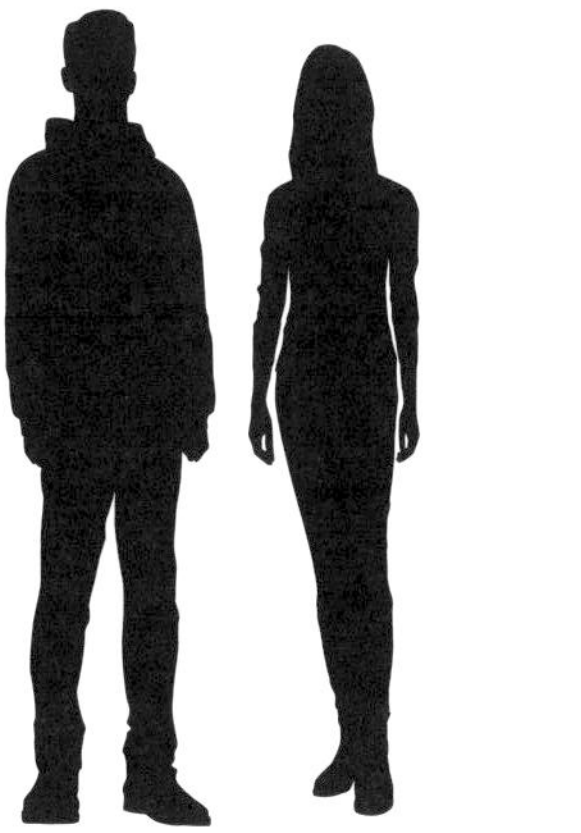

【図2-4】男女の立ち姿。重心の位置に注目

つぎは、腰かけたときの足の組み方です。図2－5のように男性は軸足と組んだ足の角度が60度くらいになります。90度近くに組む人もいます。それに対して女性は軸足と組んだ足がほとんど揃います。足が細く長い女性だと足首のあたりでもう一度交差したりします。こうした足の組み方の違いも、股関節の構造差に由来します。これが楽だからおのずとこういった姿勢

【図2-5】男女の足の組み方。足の角度に注目

になるのです。しかし、私たちは、こうした姿勢に、男らしい立ち姿・足の組み方、女らしい立ち姿・足の組み方のイメージを抱いています。関節構造の性差に由来するしぐさの違いに、いつの間にかジェンダー・イメージが付与されているのです。

私のようなTrans-womanは、身体の関節構造は男性です。だから本来は足をやや広げた立ち方や足を大きく交差させた足の組み方が楽なわけです。でもそれだと男性イメージが露骨に出てしまい、とりわけ水商売のTrans-womanが男丸出しでは仕事になりません。ミニスカートで脚を広げて座っていたら、笑いものです。だから身体の使い方は、かなり厳しく仕込まれますし、自分でもトレーニングします。私も、若い頃、女性モデルのポージングの教本を買ってきて、ずいぶん練習しました。

身体構造の性差にジェンダーが付与されるのは下半身（股関節）だけではありません。上半身（肩関節）の話もしましょう。男性の肩関節は、イメージとして外側についていて、全周運動（耳を擦るように腕を回す運動）がしやすい構造になっています。それに対して女性の肩関節は全周運動があまり得意ではありません。

かなりのレベルのソフトボールの女子選手でも、送球のときに、肘から突き出すような投げ方（肘投げ）になりやすいのはそのためです。昔、足元に転がってきたボールを、つい、きれいなオーバースローで投げ返したら、小学生に「えっ？」という顔をされたことがありました。女性はそういう投げ方はほとんどしないのです。

言い方を換えると、男性の腕の使い方は脇が開き、肘が上がります。女性は脇が閉まって肘が上がりません。何度も言うように関節構造的にそうした動きが楽なので、自然にそうなるのです。こうした肩関節の構造差は、食事のときに観察することができます。男性は、脇が開いて肘が上がり、かき込むような食べ方が男らしいとイメージされ、女性は、脇が閉まって肘が上がらず、肘から先、とくに手首を使った食べ方が女らしいとイメージされます。

長くなりましたが、身体とジェンダーの境界領域の話でした。これらは、私が、ジェンダーを移行する際に気をつけたことで、どう身体を使ったら少しでも女性的に見えるか？　を言語化してみました。ただ、それは、私が初めてしたことではなく、江戸時代中期の歌舞伎の女形たちが「女を演じる」ために工夫し、書き留めたこととほとんど変わりはありません。そうした「女をする」ことに挑戦した先人たちの工夫の蓄積が、長い時を経て、現代の歌舞伎の女形に伝えられ、ニューハーフ世界にも受け継がれてきたのです。

なぜ日本は「女子差別撤廃条約」を批准できなかったのか

ここから「ジェンダーと労働」の問題に入ります。まず「雇用・労働における性差別の撤廃」の流れをたどりましょう。一般的にこの話は、「女子差別撤廃条約」か「男女雇用機会均等法」から入ることが多いのですが、私はあえて「勤労婦人福祉法」から入ります。

1972年に公布・施行された「勤労婦人福祉法」の基本的理念・第2条に「勤労婦人は、次代をになう者の生育について重大な役割を有するとともに、経済及び社会の発展に寄与する者であることにかんがみ、勤労婦人が職業生活と家庭生活との調和を図り、及び母性を尊重されつつしかも性別により差別されることなくその能力を有効に発揮して充実した職業生活を営むことができるように配慮されるものとする。」とあります。

読んでみていかがですか？　眼目である「性別により差別されることなくその能力を有効に

発揮して充実した職業生活を営むことができるよう」に至るまでに、いくつもの前提条件がついています。「次代をになう者の生育について重大な役割を有する」や「勤労婦人が職業生活と家庭生活との調和を図り」や「母性を尊重されつつ」など。それらをすべてクリアして、やっと「性別により差別されること」のない状況が達成されることになります。現代の感覚からすると、とても女性差別的な法律だと思います。しかし、この「勤労婦人福祉法」は１９７２年当時としてはかなり画期的な法律でした。

というのも、戦後、女性が（旧）帝国大学に進学できるようになり、大学を卒業し、国家公務員上級職試験に合格して省庁に入った第一世代の女性官僚たちが、ようやく法律の作成に携われる地位にまで昇進して、作った法律なのです。代表的には、女性として初めて省庁の局長になった森山眞弓さん（１９２７〜２０２１年、のちに内閣官房長官）、法律制定時の労働省（現・厚生労働省）婦人労働課長だった赤松良子さん（１９２９年〜、のちに文部大臣）などです。当時の社会状況では、これが精一杯でした。

その７年後の１９７９年12月、国際連合第34回総会で「女子差別撤廃条約」が採択され、１９８１年に発効します。ところが、日本は採択に賛成したにもかかわらず、批准できません。なぜなら、国内法が「女子差別撤廃条約」に抵触していたからです。そもそも「勤労福祉婦人法」が性別による差別の禁止に、さまざまな前提をつけている点が問題です。たとえば「次代をになう者の生育について重大な役割」は女性だけに課せられるものでしょうか？　あるいは「職業生活と家庭生活との調和」はなぜ男性には課されず、女性だけに課されるのでしょう？これらの点も「女子差別撤廃条約」が禁止する男女不平等、女性差別に当たったのです。日本政府は、条約批准のために「労働基準法」など国内法の改正に取り掛かるのですが、それが実現して「女子差別撤廃条約」をようやく批准できたのは、発効から4年後の1985年6月25日のことでした。

ジェンダーと労働において重要な法律「男女雇用機会均等法」

そこでできたのが、「男女雇用機会均等法」、正確には「雇用の分野における男女の均等な機会及び待遇の確保等に関する法律」（1986年4月施行）です。つまり「男女雇用機会均等法」は「勤労婦人福祉法」の改正なのです。現代のジェンダーと労働の枠組みの根幹をなす重要な法律なので、詳しく内容を見てみましょう。

まず第5条で「事業主は、労働者の募集及び採用について、その性別に関わりなく均等な機会を与えなければならない」と募集・採用について性別を理由にした差別的取り扱いを禁じています。そして第6条で「事業主は、次に掲げる事項について、労働者の性別を理由として、差別的取扱いをしてはならない」と規定し、「労働者の配置、昇進、降格及び教育訓練」「福利厚生の措置」「労働者の職種及び雇用形態の変更」「退職の勧奨、定年及び解雇並びに労働契約の更新」を掲げています。

制定当初は、条文にある「募集・採用」「配置・昇進」については努力義務でした。早い話、「努力はしていますが、やれません」という言い訳が通る「ざる法」だったのです。それが13年後の１９９９年の改正施行でようやく禁止規定になります。さらに２００７年に「間接差別」も禁止されます。「間接差別」はまさに抜け道でした。「女性の採用はなし」という「直接差別」が禁止された状況で、たとえば応募条件を（別に高身長が必要な業務ではないのに）「身長１６５㎝以上」とすると、１９９０年代の女性だと９割ほどが応募できなくなると思います。なぜそんな姑息なことをするのか？　そうまでしても「女性は採用したくない」企業が当時は多かったのです。

ただ、例外はあります。ひとつは業務を行う上で理由があれば、募集・採用において性別を指定してもよいといった条項で、具体的には、芸術・芸能（俳優・モデルなど）、防犯（現金輸送業務など）、宗教（神父・巫女《みこ》など）です。

また、男性優先の慣例的な雇用によって従業員数や雇用管理に男女差が生じている場合、「ポジティブ・アクション」（積極的差別是正措置）として、女性を優先的に雇用してもよいとの規定もありますが、そもそも男性優先主義だった会社が、心を入れ替えてポジティブ・アクションをとることは、まずないでしょう。

男女平等化の理念から、それまであった女性に対する深夜労働・残業や休日労働の制限などの女子保護規定が撤廃されました。これは仕方がないところです。余談ですが、当時のニューハーフは戸籍上は男性なので、女性の深夜労働禁止に抵触しません。なので私がお手伝いしていた店も、明け方の4時、5時まで営業していました。

性的嫌がらせ（セクシュアル・ハラスメント）への配慮を規定した条項が、1999年の改正施行で入ります。それ以前は企業社会において「セクハラ」への認識はきわめて乏しく、「セクハラ」があるのが常態だったと言ってもいいでしょう。この時の改正では女性だけが「セクハラ」禁止の対象でしたが、8年後の2007年の改正施行では男性への「セクハラ」も対象化されます。これは「男女雇用機会均等法」がようやく実質性を持ち、女性上司―男性部下の関係が出現し、その関係性での「セクハラ」が問題化したことによります。加えて男性上司による、男性部下へのホモセクシュアルな「セクハラ」もあるのが実情です。

いまだに存在する「見えない壁」や「ガラスの天井」

当初、「女性であることを理由とする差別的取扱い」の禁止だったのが、２００７年の改正施行で「性別を理由とする差別」に拡大されます。これは法律の根幹に関わるかなり大きな改正でした。きっかけは、看護師、保育士、幼稚園教員など、伝統的に女性が多数を占めていた職種の雇用に際し男性差別が問題化したためです。

私は男性時代、ある幼稚園教員養成の専門学校の非常勤講師を長く務めていたのですが、それまで女子限定だった入学資格が、「男女雇用機会均等法」の施行にともない共学化されました。その初年度に３人の男子学生が入学しました。１８０人の中の３人です。目標を持って入学してきただけに、３人とも優秀で、卒業成績は1、2、5番でした。ところが、就職先がまったくありません。就職担当の先生が「とても優秀な学生です」とどんなに推薦しても、幼稚園から「男性は困ります」「保護者が納得しません」と断られてしまいます。その様子を見ていて、「これはひどい男性差別だ」と思いました。看護師にも同様なことがありました。

「性別を理由とする差別」は女性差別も男性差別も法的に禁止です。日本の労働環境は、現在、法的にはほぼ男女平等です。「勤労婦人福祉法」から50年以上の歳月を経て、ようやくここまで来ました。企業が法律の趣旨を本当に理解し実行していれば、労働における差別問題は起こらず、男女平等が実現するはずです。しかし、残念ながら現実はそうではありません。

ある職種に進みたいのに阻まれる「見えない壁」、昇進で制約はないはずなのに、それ以上は昇れない「ガラスの天井」など、女性の雇用・昇進における実質的な差別がまだ数多く存在します。法制度的に機会平等はほぼ達成されましたが、結果平等にはほど遠いのです。

私の立場からしますと、法律で「性別を理由とする差別」を禁止しながら、トランスジェンダーの就労差別はいっこうに改善されないことに強い違和感を覚えずにはいられません。それは、法の制定・改正に際し、トランスジェンダーの存在が想定されていないことの証明で、その改善も今後の課題です。

女性比率30%すら達成できないこの国の現状

1999年6月に、自民党小渕内閣で成立した「男女共同参画社会基本法」は、男女が「互いにその人権を尊重しつつ」「能力を十分に発揮できる男女共同参画社会の実現」を目指す、といった理念を掲げた法律です。議会への参画や、その他の活動においての基本的平等を理念とし、その実現のための責務を政府や地方自治体に求める内容です。この法律に基づき、各自治体に「男女共同参画」を推進する部署（室・課・係）が置かれ、さまざまな男女共同参画事業が行われています。

「男女共同参画社会基本法」は理念法なので、別に具体的な目標を掲げた「男女共同参画基本計画」が立案されました。２０１０年12月、民主党政権の菅《かん》内閣で閣議決定された第３次基本計画では、政治分野、司法分野、行政分野、雇用分野、その他の分野において、２０２０年までに女性の人材を30％に引き上げることを目指して、積極的改善措置をとることになりました。では目標は達成されたのでしょうか？　数値はそれぞれの分野の女性の比率です。おもに内閣府男女共同参画局の資料により、可能な限り最新値をとりました。

【政治】衆議院議員10・0％、参議院議員25・8％、都道府県議会議員11・4％、政令指定都市議員20・5％、特別区議員29・9％、市議員15・9％、町村議員11・1％、知事4・3％（２人）、政令指定市長5・0％（１人）、首長全体2・4％

【司法】裁判官23・7％、検事26・4％、弁護士19・6％

【行政】国家公務員採用者37・2％、同本省係長職以上28・3％、同本省課長職以上14・1％、同本省室長職以上6・9％　国審議会委員43・0％

外交官（大使・公使・総領事・参事官）11・9％

【雇用】民間企業（従業員１００人以上）管理職係長級24・1％、同課長級13・9％、同部長級8・2％、社長8・2％、上場企業役員11・4％

就業者全体45・5％、新聞記者21・5％（管理職9・4％）、医師22・8％

【教育】幼稚園教員93・4％、小学校教員62・6％、中学校教員44・6％、高校教員33・4％
小学校校長20・6％、中学校校長7・4％、高校校長8・1％
大学教員27・2％、教授18・7％、准教授26・5％、助教31・6％

政治分野は達成にほど遠く、司法はまだいいほうですが目標達成には至らず、行政は国家公務員の採用数と国の審議会委員は目標を超えていますが、政策決定に関わる本省室長職以上は6％台で、10％にも達していません。外交官もかなり低いです。

民間企業も同様で、就業者全体では達成しているものの、管理職では上級に行くほど女性の比率がガタ落ちになります。社長だけは女性比率が下がりませんが、これは中小企業で、夫が亡くなったあと、妻が社長になるケースと、実力があっても昇進できない企業に愛想をつかし、起業して社長になる女性がいるためと思われます。そうした現状を批判する役割のマスメディア（新聞記者）も、目標の30％には遠いのが実情です。

唯一、女性の比率が高いのは教育分野で、小・中学校教員は目標を大きく超え、高校教員も達成で、男女平等に近づいています。ただし、教育分野でも大学だけは例外で、教授職は20％に届いていません。

本来、男女平等を目指すならば、目標は30％ではなく50％のはずです。しかし、30％すら達成できないのが日本の現状なのです。毎年、発表される「世界経済フォーラム（WEF）」の「ジェンダー・ギャップ指数」2023年版で、日本は世界146カ国中125位でした。先進国中ほぼ最下位です（経済協力開発機構38か国中37位、下はトルコだけ）。南アジアのモルディブと中東のヨルダンの間です。政治分野に加え、官民ともに意思決定のポジションにおける女性比率の極端な低さが、大きなマイナス要因になっています。問題は、こうした現状を政府が本気で「恥ずかしい」と思っていないことなのです。だから、いっこうに改善されないのです。

「ホモソーシャル」な関係を志向する男性たち

目標を達成できなければさらに努力をすればいいわけですが、自民党の安倍内閣は2015年12月に、第3次基本計画は2020年までに達成不能であると、まだ5年もあるのにあきらめてしまいます。そして目標達成年次を2025年に先送りします。加えて30％の目標の一部を、2020年までに国家公務員の本省室長相当職7％、都道府県の本庁課長相当職、民間企業の課長相当職15％と、大きく下方修正しました（第4次基本計画）。ゴールを遠ざけただけでなく、ハードルの高さも下げる、世の中ではこういったことを「ずる」「ごまかし」と言い

【図2-6】「かながわ女性の活躍応援団」のホームページから（2016年）。現在は削除されている

ます。そして「男性中心型労働慣行等の変革と女性の活躍」「政策・方針決定過程への女性の参画の拡大」「雇用等における男女共同参画の推進と仕事と生活の調和」などをスローガンに掲げました。図2−6は、こうした安倍内閣の方針に応じ、神奈川県が始めた「女性が、どんどん主役になる。」のキャンペーンです。

並んでいるのは、知事以下、神奈川県の政財界のお偉いさんたちです（国外逃亡前のカルロス・ゴーン日産自動車会長もいます。右から4人目）。好意的に解釈すれば、「私たち男性は女性を応援します」ということなのでしょうが、普通に見たら「これギャグですか？」と思います。そもそも、こうした「男ばかり」の状況が、おかしい、異常だという感覚に彼らは乏しいのです。このような社会的形態を「ホモソーシャル」（homosocial）と言います。性的な関係を含まない男性だけの関係性、連帯（絆）です。女性のいない男性だけの関係性（男同士）が心地よい、だからそれを志向するわけです（あっ、セジウィックが出てきてしまった）。

２０２０年５月、清水季子《ときこ》さんという女性が、日本銀行の理事に就任しました。日銀１３８年の歴史で女性の理事は初めてとのことです。経歴を調べたところ、１９８７年に日銀に入行とのことで、まさに「男女雇用機会均等法」第一世代です。世の中は一朝一夕には変わりませんが、ようやくここまで来たか……と思いました。

歴史的に見て特異な存在、専業主婦

最後に女性労働において今後、改善すべきことに触れておきましょう。

結婚、妊娠、出産による退職勧告は、「雇用機会均等法」に違反しますから、法律が守られるのであればなくなるはずです。女性労働力率（15歳以上の女性人口に占める女性労働力人口の割合）のグラフ（図２－７）は、かつての日本では30歳代（妊娠・出産・子育て）で落ち込むM字型でした。昭和56年（１９８１）、平成13年（２００１）、令和３年（２０２１）のグラフを比較するとだいぶ凹みが浅くなって改善傾向が見られます。

ただし、国際比較のグラフ（図２－８）を見ると、まだ、欧米諸国に比べて凹んでいるのがわかります。スウェーデンなどは凹むどころか凸になっています。韓国は、平成13年（２００１）頃の日本と似た形ですね。

【図2-7】女性の年齢階級別労働力率の推移

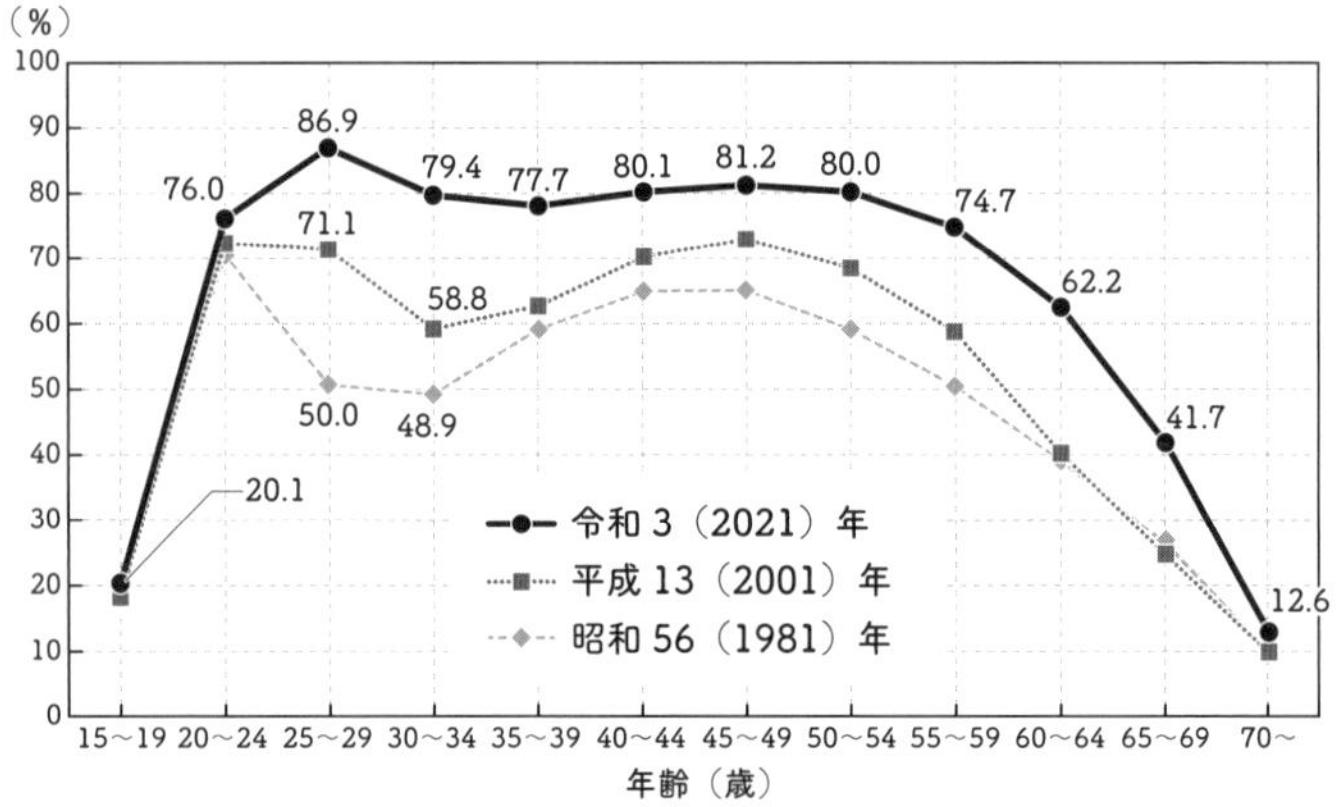

（備考）1. 総務省「労働力調査（基本集計）」より作成。
2. 労働力率は、「労働力人口（就業者＋完全失業者）」／「15 歳以上人口」×100。

【図2-8】主要国における女性の年齢階級別労働力率

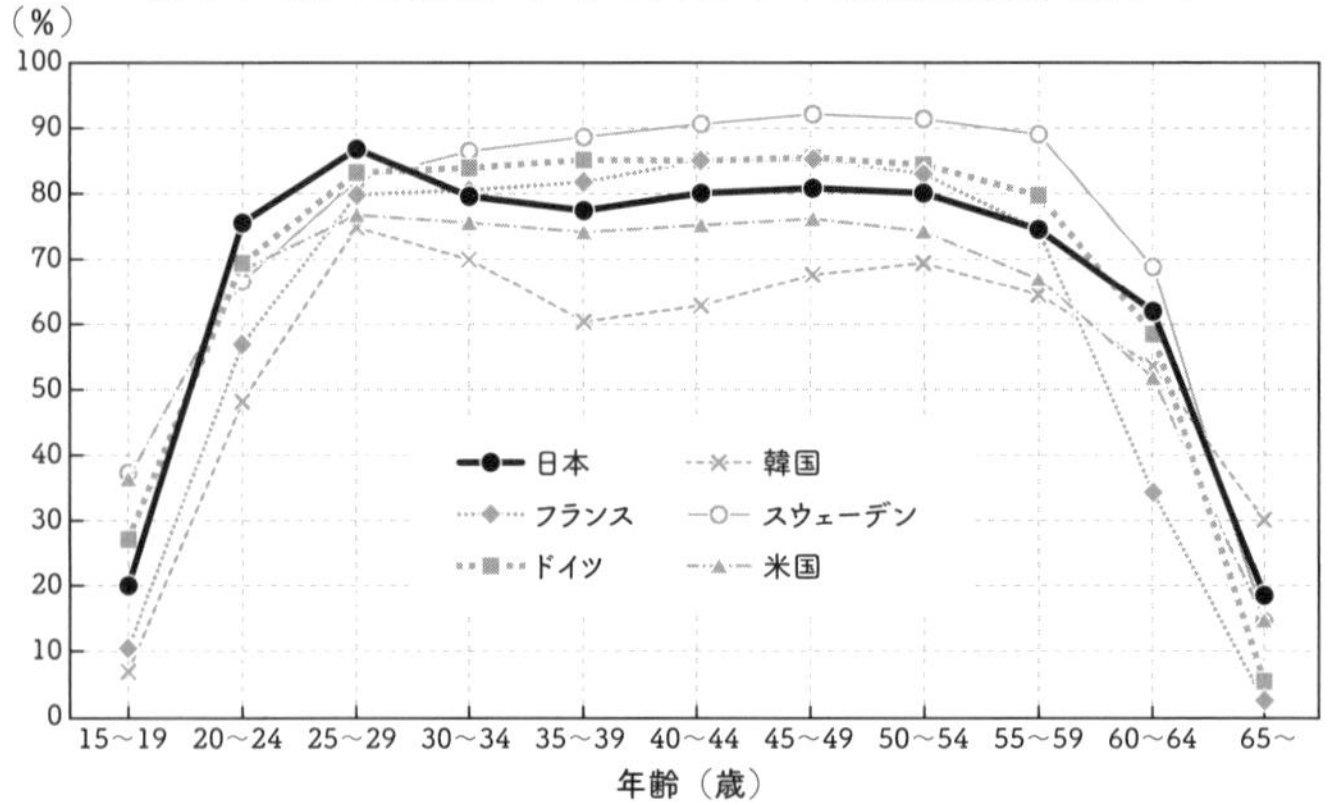

（備考）1. 日本は総務省「労働力調査（基本集計）」（令和 3（2021）年）、その他の国は ILO "ILOSTAT" より作成。
韓国、米国は令和 3（2021）年の値。フランス、ドイツ、スウェーデンは令和 2（2020）年の値。
2. 労働力率は、「労働力人口（就業者＋完全失業者）」／「15 歳以上人口」×100。
3. 米国の 15〜19 歳の値は、16〜19 歳の値。

「男女共同参画白書 令和4年版」をもとに作成

大切なことは、働く女性の妊娠・出産の機会の保障と保護です。さらに言えば、妊娠・出産の機会を確保・保護しながら、女性の就労やキャリア形成に不利にならないような、社会的コンセンサスとシステムの形成が必要になります。それは人口を再生産し、日本社会を継続していく上で不可欠なことのはずですが、自民党政権はそうした少子化対策に積極的ではありませんでした。岸田内閣が打ち出した「異次元の少子化対策」もピントがずれています。

その結果、はっきり言って「もう手遅れ」の状況になってしまいました。数字で示すと、戦後すぐのいわゆる「第一次ベビーブーム」（１９４７〜49年）は一世代２６０〜２７０万人でした。私の世代（１９５５年生まれ）でも１７４万人いました。１９９０年代生まれはだいたい１２０万人前後です。それが２０２２年生まれは77万人でした。コロナ禍の影響があるとはいえ激減です。出生率の低下だけでなく、子どもを産める女性の数が急激に減っているのです。母数（文字通りの意味）が減っているので、出生率を上げても、もう出生数は大きくは増えないのです。

育児については、現行1歳までの育児休業の拡大、育児の男女協業化、男性の育児休暇取得の保障と推進、保育施設の拡充・整備、子育て家庭への経済的給付の拡大などの政策が積極的にとられるべきです。しかし、この点についても、「伝統的な」家族の在り方（収入の稼ぎ手としての夫、家事と育児を担う専業主婦の妻、子ども２人以上の形態）を維持しようとする自民党政権は消極的です。

家事労働については、男女協業化の推進が不可欠です。そのためには、男性の（女性も）長時間労働の抑制が必要になります。また、生計を同じくする男女が合意の上で、生産労働と家事労働を分担するのは自由ですが、その分担（性役割分業）を性別で固定し強制するのは、明らかな性差別です。

この点については、家事専業女性（専業主婦）の存在は歴史的に見てもかなり特異で、「伝統的」ではなく、高度経済成長期（1955〜73年）に確立したに過ぎないことに留意しておく必要があります。現代では、経済の低成長、男性の雇用の不安定化、離婚の増大などで、専業主婦の基盤の崩壊が進み、夫が唯一の稼ぎ手である専業主婦という形態は、リスクが高くなりつつあります。「専業主婦になりたい」という希望は、現実的にかなり狭き門になってきました。

それでは、今回はここまで。何か質問ありますか？

質問：フェミニズムって何ですか？

答え：そんな、ちゃんと答えたら1コマかかるような質問を……。仕方ないです、簡潔に。
「フェミニズム」とは、日本語で「女権思想」「女性解放運動」と訳されたように「女性も男性と同等の権利と尊厳を持つ」という思想です。それに加えて、「個人的なことは政治的なこと」という言葉に象徴されるように、男女間の制度的不均衡を問題視します。また、女性にとって不利な社会的制度への不服従と怒りを根本に持ちます。さらに、「わたし」とは異なる女性の経験を共有しようとするインターセクショナリティ（intersectionality：交差性）を重視します。

フェミニズムにはいくつかの段階があります。第1波フェミニズムは、19世紀〜20世紀前半の参政権や相続権など社会的権利の獲得を目指した女性運動です。第2波フェミニズムは、戦後、1960〜70年代における家父長制の批判的再検討、つまり、女性を家庭に閉じ込める性役割や性差別を解体しようという運動でした。第3波フェミニズムは、1980〜90年代で、それまでのフェミニズムが「先進国」の白人の中産階級の女性問題が中心だったことへの批判から、アフリカ系、ラテン系、アジア系など「発展途上国」の女性や、レズビアン&バイセクシュアル女性、さらにはトランスジェンダー女性をも包摂する（inclusion）方向に進みます。そして「女性とは誰か？」を外部からコントロールされることに反対します。

現在、21世紀は第4波フェミニズムの時代で、とくに2010年代に入って世界各地で強まった女性の権利、とりわけ「性と生殖に関する健康と権利」を抑圧しようとする「反ジェンダー運動」への対抗が大きな課題になっています。TERFの活動も、そうした「反ジェンダー運動」の高まりが背景になっています。詳しくは清水晶子さんの『フェミニズムってなんですか？』を読んでください。

質問：男女分業はいつから始まったのですか？

答え：良い質問ですが、なかなか難しいです。狩猟採集時代、男性が狩り、女性が採集という分業があったと思いますが、農耕時代になると、かなりの部分で男女協業です。商品経済が発達すると、たとえば、日本の中世社会では、商業の担い手としての女性の役割は大きなものがありました。現在に至る男女分業（男性が外働き、女性が家事労働）の形態は、江戸時代の都市、しかも中流以上の階層（武家・裕福な商家）に起源があると思います。農村では、近代においても男女協業は続いていました。こうした男女の労働の在り方は、社会の基本的な構造が父系社会か、母系社会か、双系社会かということにも関わってきます。

第3講

セクシュアリティを考える

【図3-1】西川祐信「柳下納涼美人図」（部分）、出光美術館所蔵

第3講は、「セクシュアリティを考える」です。ジェンダー論と同じく、セクシュアリティ論の基礎を1回でお話しするのは無茶なのですが、今回も頑張りましょう。

図3－1は、江戸時代中期の浮世絵師・西川祐信《にしかわすけのぶ》の「柳《りゅう》下《か》納涼《のうりょう》美《び》人《じん》図《ず》」（18世紀前半）の1枚です。若い女性が柳の木の下で夕涼みをしています。この絵をある美術館で観たとき、「着物の胸元が大きく開いて乳房が見えている。よく見ると乳首も描かれている。男性の性的な視線を集めるポルノグラフィー的な要素がある」というような解説がされていました。私は「そうかなぁ？」と首を捻ったのですが、皆さんは、どう思われますか？

セクシュアリティとは何か？

その答えは後にして、まずはセクシュアリティ（Sexuality）の学問的な定義から入りましょう。セクシュアリティとは「性欲、性的欲望」のことです。いちばん短い定義、置き換え（翻訳）ですが、ちょっと露骨ですね。もう少し穏やかな言い方を好む人は「性愛」の言葉で置き換えます。ただこれは「『愛』とは何か？」というそれなりに厄介《やっかい》な問題をはらみます。もっと即物的には「性現象」と置き換えられます。

上野千鶴子さんは、日本におけるフェミニズムの大家ですが、日本のフェミニズム研究者には珍しく、若い頃からセクシュアリティへの関心をはっきりと持っていた方です（その点では尊敬しています）。その上野さんが、セクシュアリティとは「性をめぐる観念と欲望の集合」と定義しています（上野千鶴子『「セクシュアリティの近代」を超えて』）。おおよそ良いと思うのですが「観念と欲望」だと「行為」が抜け落ちてしまいます。そこで私は、セクシュアリティとは、「性についての欲望と行為に関わる事象の総合」と定義しています。これだと「行為」も入りますし、かなり広い定義になります。

ジェンダーとの区分を意識して、もっと細かく言いますと、「『性』に関わる事象のうち、性的指向（Sexual Orientation）、性的嗜好（Sexual Preference）、性幻想（Sexual Fantasy）、性的技巧（Sexual Technique）などを中心とする概念」になります。ちなみに、普通のセクシュアリティ研究者は性的指向、性的嗜好、性幻想の3つで語ります。私は性的技巧を入れて4つなので、「性的技巧など学問ではない！」と叱られます。なぜ入れるかは、あとで解説します。

セクシュアリティで重要なことは、基本的に「性的他者」が存在することです。「性的自己」（自分）と「性的他者」の関係性がセクシュアリティなのです。この場合、「性的他者」は実在か非実在かは問いません。また、必ずしも一対一である必要もありません。「性的他者」が非実在だったり、複数であるセクシュアリティを否定する人もいますが、私はその立場はとりません。

「ジェンダーとセクシュアリティの違いは何ですか？」という質問がときどきあります。なかなか良い質問ですが、簡潔に答えるのは難しいです。あえて答えれば、ジェンダーとは、私（性的自己）と社会との関係性です。それに対して、セクシュアリティとは、先ほど述べたように私（性的自己）とあなた（性的他者）の関係性になります。もちろんその背景（環境）として社会はあるのですが、それは第二義的です。

「女性の乳房は大きいほどエロい」という認識はいつ生まれたのか

つぎに、セクシュアリティの構築性の話です。「ジェンダーが構築される話はまだわかるけど、セクシュアリティは本能でしょう？」と考える人は世の中にたくさんいます。たしかに人間も動物ですから、子孫を残す本能、そのための生殖行動をとる身体機能を持っています。ですから性的欲望の存在そのものは、生物学的な身体に由来する本能的なものと言えます。しかし、その性的欲望が何に向かうか、何に性的欲望を覚えるかになると、本能的とは言えない多様性を持っています。それは、社会・文化的に構築されたものと考えるのが妥当です。

この点について上野千鶴子さんは、「欲望もまた社会的に構築されるものであるならば、セクシュアリティとはすぐれて文化的なものである」と言っています。私もほぼ同じ見解です。性的欲望、存在そのものは本能に由来するものであっても、その質は社会的・文化的に構築されたものになります。つまり何に対して性的欲望を抱くか、何が欲情装置（欲情の引き金）になるかは、歴史的・文化的に異なるのです。

例をあげて解説しましょう。近代日本における女性の乳房への視線の変化について話をします。「乳」の漢字を目にしてニヤニヤする人、もしくは恥ずかしいと感じる人がいます。そういった反応は「乳」の文字から女性の乳房を連想してのことだと考えられます。でも、それは間違いです。「乳」という漢字の意味は、哺乳類の雌が子どもを養育するために分泌する栄養価の高い液体、つまりミルクです。女性の胸のふくらみといった意味は本来ありません。それを言うなら「乳房」であり、膨らんでいるとか、やや垂れ下がっているの意味は「乳」ではなく、「房」の字のほうにあります。大きな乳房を漢字で表現するなら「巨乳」ではなく「巨房」と言うべきです。

歴史的に見ても「乳」の用例は、「母乳」「授乳」「牛乳」「脱脂粉乳」など、「ミルク」の意味が圧倒的でした。「乳房」もミルクを出すふくらみという意味です。それが、1980年代の後半になって、「巨乳」「爆乳」「美乳」「貧乳」といった言葉がメディアによってつくられ（新造語）、「乳」に「乳房」の意味がつけ加えられました。本来の意味なら「爆乳」は爆発性のあるミルク、「貧乳」は栄養価の低いミルクでしょう。「巨乳」は1983年頃にアダルト系の男性雑誌が使い始めたとする説が有力です。それが1980年代後半に雑誌メディア、とくに写真週刊誌に転用されて広まります。

そもそも日本には、「女性の乳房は大きいほどエロい（性欲刺激的である）」との認識はありません。大きい乳房が好きな男性はいたかもしれませんが、少ないです。女性たちも乳房が大きいことを悩みこそすれ、誇ることはありませんでした。ところが、現代では「女性の乳房は大きいほどエロい」は社会通念化しています。それは、どこかの時点で価値観が変化したことを示しています。

私の友人に、若い頃、モデル・女優をしていた人がいます。一緒に温泉に入っているので知っているのですが、乳房は大きくありません。モデル時代はAカップでしょう。それでも当時、一流の男性週刊誌『週刊プレイボーイ』や『週刊平凡パンチ』のカラーグラビアを飾り、写真集も出せたのです。現在、そうしたグラビアアイドルは、D、E、Fカップは当たり前、G、Hカップの人もいます。グラビアアイドルは巨乳でないとできないのが社会通念になっています。その彼女に「グラビアモデルの巨乳化の転機はいつだと思う？」と尋ねました。すると「それ以前にも大きな（乳房の）モデルはいたけど、負ける気はしなかった。でも、フーミン（細川ふみえ、1990年デビュー）が出てきて、これはもう私の時代じゃないと思った」との返事でした。「現場」にいた人の証言だけに貴重です。転機は1980年代最末〜90年代最初期、30数年前になります。性的視線、セクシュアリティの変化がごく短い間に起きたと言えるでしょう。

さて、そうした「乳」の文字の意味が変化したのと時をほぼ同じくして、公共の場、たとえば、電車の中、公園のベンチ、食堂など、他人（男性を含む）の視線がある場所での授乳行為が急速に見られなくなりました。少なくとも1970年代までの日本では、母親が人前で乳房を出して赤ちゃんにお乳をあげることは珍しいことではありませんでした。私は1970年代の前半、高校時代に電車通学をしていましたが、車中で何度も目撃しています。隣の席でもありました。乳首こそ赤ちゃんが含んでいるので見えませんが、白く張った大きな乳房は丸見えです。ただ、お母さんの乳房は赤ちゃんのもので、性的な視線で見てはいけない、というマナーは男子高校生でもわかっていました。そうした授乳行為は性的なものではない、性的視線では見てはいけないものという社会的な認識が崩れていったのは、都会と地方で若干の時間差があると思いますが、だいたい1980年代です。新幹線に「授乳室」ができたのもその頃だと記憶しています。

こうした変化は、男性の女性の乳房に対する欲情が、本能ではなく社会的に構築されたもので、「乳房はエロい」「大きいほどエロい」は一種の「共同幻想」であることを示しています。

羞恥心は歴史的・文化的に形成される

その仕組みとして、「男性が性的欲望の視線で見る→女性が恥ずかしいから隠す→男性は隠されるから余計に見たくなる」といった「欲望の視線と羞恥心《しゅうちしん》の往復回路」が存在すると思われます。男性からすると、「女性が恥ずかしがって隠す→男性は隠されるから見たくなる→女

【図3-2】ヴィルヘルム・ハイネ「下田の公衆浴場図」（『ペリー提督日本遠征記』）

性はますます隠す」と思うかもしれませんが、「鶏が先か卵が先か」のような議論になるので止めておきましょう。つまり、性的欲望と同様に羞恥心もまた、歴史的・文化的に形成されるのです。何が「恥ずかしい」かは、時代・地域によって異なるということです。20世紀中頃に欧米人女性が恥ずかしいと感じたことを、それより100年前の日本人女性が同じく恥ずかしいと感じていたか？　というと必ずしもそうとは言えません。この話については、中野明『裸はいつから恥ずかしくなったか―日本人の羞恥心―』がとても参考になります。

図３－２は、アメリカ海軍提督M.C.ペリーの「日本遠征記」（1853～54年）に記録画家として随行したヴィルヘルム・ハイネが描いた「下田の公衆浴場図」（1854年）です。

画面左手のボックス状に区切られた棚のある場所が脱衣所です。脱衣所は男女別になっているようです（棚の裏側が女性スペース）。しかし、L字形に溝がある洗い場はまったくの男女共用です。中央手前に女性のグループ、その右に男性のグループ、そして奥の壁際にまた女性のグループと分かれていますが、男女混浴です。そして、女性たちはまったく乳房を隠していません。つまり、男性は女性の乳房を日常的に見慣れていることになります。ちなみに湯舟は左奥の「屋形」がついているところ（入口で屈んでいる）の中にあり、男女一緒です。

さらに言えば、見知らぬ外国人男性が入ってきてスケッチを始めたのに、女性たちはほとんど恥じらっている様子がありません。ひとりだけ中央手前の女性が画家に意識を向けているように見えます。つまり、江戸時代の伊豆下田の女性たちは、男性と混浴して全裸を見られても、ほぼ羞恥心を感じなかったのです。ただし注意しなければならないのは、羞恥心がないのではなく、羞恥心の在り方が現代の女性とは違っていたということです。

将軍様のお膝元の江戸では、町奉行所が「男女入り込み湯」（男女混浴）を禁止するお触れを何度も出していて、それに応じて、男湯と女湯を仕切っていました。でも遮蔽《しゃへい》はされていません。男湯と女湯を見えないように遮蔽する（しなければならない）発想は、完全に近代（明治時代以降）のものです。

余談ですが、この「下田の公衆浴場図」は、ペリー提督『日本遠征記』の数ある挿絵の中で、最も欧米世界に衝撃を与えた絵でした。反応は大きく2つに分かれ、男女が裸で入浴するなんてなんと淫らで未開な民族だという批判。もうひとつは、すばらしい！ 失われたギリシャ・ローマ的世界の習俗が、極東の島国に残っていたという賛美です。後者の人たちの中には、混浴を体験したくてはるばる海を渡って日本に来た人もいたようです。同時に、こうしたすばらしい習俗も、キリスト教徒の目に触れたら遅かれ早かれ消えるだろうといった予言もありました。その予言は約20年後に現実になります。

ところで、最初にお見せした西川祐信「柳下納涼美人図」に男性の性的視線を集めるポルノグラフィー的な意図はあるのか？ という話ですが、結論を言うと、ないと思います。なぜなら、絵画的に乳房の表現がなんともあっさり、半円を描いて乳首をちょんと描いただけで、はっきり言えばぞんざいだからです。そこに視線を集めたいならば、絵師はもっと力量を発揮するはずです（祐信はこの時代のトップクラスの絵師）がそうではありません。

それに、「欲望の視線と羞恥心の往復回路」が成り立ちません。隠す素振りがないのです。胸元を掻き合わせるようなしぐさがあれば、欲情を誘う効果が出てきますが、この女性はじつにあっけらかんと乳房をさらしています。

上半身裸で働いていた女性たち

さらに傍証になるのは、幕末に来日した外国人の観察です。1858年8月、真夏の長崎に上陸したローレンス・オリファントというイギリス使節の随員は、「女はほとんど胸を覆わず、男は簡単な腰布をまとっているだけである」と記しています（『エルギン卿遣日使節録』）。つまり、庶民の男性は褌《ふんどし》一丁、女性は下半身に腰巻を巻いただけの上半身裸体です。

また、1857〜62年に日本に滞在し、日本近代医学の始祖になったオランダ人医師ポンペ・ファン・メールデルフォールトは「一風呂浴びたのち、男でも女でも素裸になったまま浴場から街路に出て、近いところならばそのまま自宅に帰ることもしばしばある」（『ポンペ日本滞在見聞記』）と記しています。おそらく夏の湯上りのあと、暑くて汗が引かないので、男性も女性も裸のまま家に帰ってしまうのです（実際には男性は褌、女性は腰巻をしていたと思いますが）。

つまり、西川祐信が描いた女性は、着物に袖を通しているだけ、むしろ、ちゃんとしている、と言えるのです。江戸時代の男性にとっては、女性の乳房は、日常的に見慣れたもので、隠されるものではなく、ほとんど（まったくとは言いませんが）欲情の対象ではないということです。

図３－３はラグーザ・お玉（１８６１～１９３９年）という、明治初期に西洋絵画を学んだ女性が旅行先で描いた、１８８０年頃の京都の旅館の光景です。旅館の上がり口で若い女性２人が、もろ肌脱ぎの上半身裸で石臼をまわしています。肉体労働、とくに汗をかく夏の時期に、女性が上半身裸体になるのは、明治期になっても珍しいことではなかったことがわかります。私も小学生の頃、夏の夕暮れ、往来の縁台で近所のおばさんが、乳房が見える状態で夕涼みをしていた記憶があります。たぶん１９６３年前後でしょう。「おばさん」と言っても実年齢はおそらく40歳前後、今風に言えばアラフォーの女性です。生活習慣的には、１９６０年代まで、江戸時代的な羞恥感覚が残っていたのかもしれません。

【図3-3】ラグーザ・お玉「京都の宿屋」（1880年頃）

今まで述べたような性的視線と羞恥心の構築性、つまり歴史的に変化することを詳細に論じたのが、井上章一『パンツが見える。―羞恥心の現代史―』です。書名や表紙からは怪しいエロ本に見えなくもないですが、掛け値なしに名著です。この本の内容を要約すれば、つぎのようになります。〝60年ほど前まで、女性のパンツを見て興奮する「パンチラ」好きの男性はいなかった。なぜなら和装の女性はパンツを履いていなかったから。スカートの下のパンツに男性がときめくようになり、パンツを見られた女性が恥ずかしく思うようになったのは、日本の女性がパンツを履くようになってから。たかが半世紀ほどのこと。男性の性的視線と女性の羞恥心は、歴史の中で形成され、変化するものであることを論証する。〃

さて、長くなりましたがまとめになります。人間の場合、動物と違って生殖とセクシュアリティとは必ずしも結びつきません。そうした意味で、セクシュアリティは本能だけでは語れないのです。むしろ、生殖とは無縁な性行動、たとえば、同性間の性愛やオナニー（Onanie）などが、しばしば見られます。換言すれば、生殖と関わらない性行動の比重が高いところに、人間のセクシュアリティの特質があると言えるのです。

と、まとめましたが、最新の研究で、人類以外のさまざまな動物にも同性のカップリングが観察されることがわかってきました。同性のカップリングは、生殖に直結しないものの、なんらかの形で生物進化のシステムに寄与している可能性が出てきました。今後の注目点です。

【図3-4】磯田湖龍斎「欠題組物（品川）」、国際日本文化研究センター所蔵

江戸時代の男は、うなじに興奮していた？

ところで江戸時代の男性は、乳房に性的な視線を向けないとしたら、何に性的視線を向けていたと思いますか？　確実に視線が向いていたのは、性器です。江戸時代のポルノグラフィー（春画）では、図3－4のように男性器も女性器も詳細かつ大きく、誇張されて描かれるのが常です。それが、リアリズム絵画の欧米人に、「日本人の性器は（男女とも）大きい」と誤解される原因になります。

もうすこし考えていきましょう。図3－5の左は喜多川歌麿の「湯上がり化粧美人」です。斜めうしろからの構図で、それでは美人か

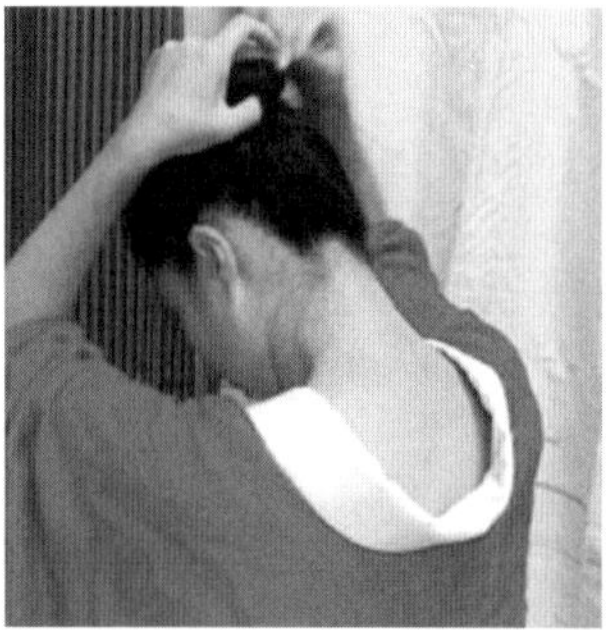

【図3-5】（左）喜多川歌麿「湯上がり化粧美人」、（右）「お姉ちゃん、うなじ好きだから、あげる」ともらった友人のうなじ画像

どうかわからないため、顔は鏡に映す形で描いています。ポイントは、鏡を見る女性が右手を「うなじ」に当てていることです。これは見る人の視線をそこに集める工夫、「ここを見て」なのです。「うなじ」に視線を集める工夫は、現代の京都の舞妓さんの襟化粧にも見られます。襟白粉《えりおしろい》を塗るときに、金属の型をあてて「うなじ」を二本塗り残します。お正月や晴れの儀式のときは三本になります。こうしたこだわりは、「うなじ」への性的視線を意識してのことかもしれません。

首のうしろのラインを意味する「うなじ」は、英語にうまく置き換えられません。あえて訳せば〝Nape〟（襟首）ですが、あまり使われる言葉ではないようです。結局、〝the back of a person's neck〟のような説明的な訳になってしまいます。単語があるということは、概念があるということ、身体部位の場合はそこが意識されているということ。逆に単語がないということは、概念がないということ、意識されていないということになります。ですから、江戸時代の男性の性的視線が向く候補として「うなじ」が考えられるのです。

セクシュアリティを「正常」と「異常」に分けるユダヤーキリスト教

セクシュアリティを「正常」と「異常」に区分するのは、ユダヤ―キリスト教の宗教倫理観に基づきます。そこでは、生殖につながる性行為のみが「正常」で、ほかはすべて「異常」とされます。「正常」な性行為とは、婚姻関係にある男女のペニス（男性器）とヴァギナ（女性器）の結合による「正常位」のセックスだけです。ほかは、すべて「異常」な性行為で、たとえば、非婚姻関係間の性行為、「正常位」以外の体位によるセックス、同性間のセックス（同性愛）、人間以外を対象にしたセックス（フェティシズム、獣姦）、アナル・セックス（鶏姦＝肛門性交）、フェラチオ（口淫）、オナニー（独淫）など、異性装（女装・男装）をともなったり、女性が性欲を抱くこと、女性が性的快楽を得ることなど、すべて神の教えに背く「異常」な性行為とされました。「正常」の範囲はきわめて狭く、「異常」の範囲はとても広いのです。

「正常位」は客観的に言えば、「対面男性上位」の体位ですが、それに「正常」という価値判断を与えたのはキリスト教会です。英語のスラングで「正常位」のことを、"missionary position"（宣教師スタイル）と言うのは、キリスト教会や宣教師たちが推奨した体位だからです。逆に、後背位はキリスト教では、神の教えに背く「悪魔の体位」とされます。18世紀くらいまでは、密告されたら背教行為で死刑、しかもほとんど火あぶり（火刑）でした。ヨーロッパにおける性欲学は、こうしたユダヤ―キリスト教の宗教規範の学問化に起源があります。

現代のセクシュアリティ学は、そうした古い性欲学の流れを受け、その克服の上に成り立っています。厄介なことは、こうしたユダヤ―キリスト教の性規範は、まったく過去のものではないことです。カトリックの総本山であるバチカン（ローマ教皇庁）はいまだに同性愛を認めていませんし、キリスト教の教えに忠実な人たち（キリスト教原理主義者）による、同性愛者やトランスジェンダー迫害の根拠になっています。

犯罪↓病理↓脱病理↓そして、多様性へ

つぎは、ヨーロッパと日本のセクシュアリティ観の歴史的変遷を見てみましょう。

ヨーロッパ世界では、4世紀にローマ帝国がキリスト教化されて以降、その性規範が浸透していくにつれて、生殖につながらない「異常」な性愛は神の教えに背く（背徳的な）行為とさ

れ、同性愛者も異性装者も死刑にされました。つまり、性愛の犯罪化です。

19世紀末になると、「犯罪として死刑にするのはあまりに厳しい、そうした人々は精神病なのだから、精神病院に収容すればいい」といった考えが出てきます。その流れの中で、20世紀初めにかけて「犯罪」から「病気」（精神疾患）へという病理化が進行します。その代表的な存在が、ドイツの犯罪精神医学者リヒャルト・フォン・クラフト＝エビング（1840～1902年）です。彼は『性的精神病質』（1886年）で、非典型な性を持つ人たちを「色情狂」と「同性間性欲」を二本柱とする「変態性欲」概念で病理化します。

20世紀後半になると、「変態性欲」とされた性愛、たとえば女性が性欲を持つこと、性的快感を得ること、オナニーをすることなどが徐々にそこから外れていきます。「病気」からの脱却、つまり脱病理化の流れです。その中でかつて「変態性欲」の二本柱のひとつだった同性愛が、1993年にようやく脱病理化されました。

21世紀になっても、脱病理化の流れは止まることなく、2022年には異性装やフェティシズムが脱病理化しました（2019年決定）。宗教犯罪から精神疾患にされた非典型な性の在り方が脱病理化し、「正常」と「異常」の二分論から脱却した「性」の多様性の承認と尊重、すなわち多様化（Diversity）に向かっているのが現在ということになります。

この非典型なセクシュアリティの犯罪化→病理化→脱病理化→多様化という流れ、大事なポイントで、また後で出てきますので、記憶に留めておいてください。

性規範の「サムライ（侍）ゼーション」

明治維新（１８６８年）以前、ユダヤ－キリスト教規範の影響外にあった日本は、西欧とはまったく違った状況にありました。そもそも、日本の伝統的な宗教である仏教・神道の規範には、（仏教の出家者＝僧尼を除けば）セクシュアリティの制約はほとんどありません。江戸時代、上流武士層は「男女の別」を説く儒教規範のもとにありましたが、庶民の性規範はきわめておおらかでした。

たとえば、武家の娘は、帯に懐剣を差します。それはもし男に襲われたときは、懐剣を抜いて抵抗し、敵《かな》わずに性交渉を強《し》いられそうになったら胸を突いて自害する覚悟の証です（帯の結び方も庶民と違います）。武家の倫理では婚前の女性の性交渉はタブー（禁忌）だからです。しかし、庶民の娘が婚前の性交渉を強いられたからといって、自害する性規範はありません。武家と庶民では、性規範の階層差がかなりあったのです。

ところが、明治維新以後、流入してきたキリスト教倫理観と、武士層の儒教倫理観が合体します。両者は、まったく起源を異にするにもかかわらず、女性が肌を見せることを嫌う、婚前の性交渉をタブーとするなど、性規範の面で共通するところがありました。そうして合体した性規範の遵守が、学校教育などを通じて庶民層にも求められ、セクシュアリティの制約が急激に厳しくなっていきます。性規範の「サムライ（侍）ゼーション」が起こったのです（30ページ参照）。

具体的には、裸体往来の禁止、男女混浴の厳禁、女装・男装の禁止、鶏姦（肛門性交）の刑罰化、そして、生殖に結びつかない性（遊廓・男色）の否定などです。江戸時代には遊廓の華として、庶民のアイドル的存在であった遊女が「醜業婦」として賤視されるようになったのも、売春を悪徳とするキリスト教規範の影響です。さらに1910～20年代（明治末期～大正期）にエビングの「変態性欲論」が日本にも伝わり、通俗性科学者によって流布《るふ》され、非典型な性を持つ人々を社会的に抑圧する学問的根拠になりました。

現代に生き続ける性神信仰

さらに明治政府は、日本の庶民が長く伝えてきた性神信仰や祭礼を「淫祀《いんし》」として弾圧します。その結果、数多くの性神信仰が闇に葬られたと思われますが、かろうじて残り、今に伝えられた性神信仰・祭礼もあります。いくつか紹介しましょう。

【図3-6】岩手県花巻市大沢温泉「金勢神社」と金精様（2015年）

まず、新潟県長岡市（栃尾地区）の「ほだれ祭」。「ほだれ」は「穂垂れ」で、稲の穂が豊作で垂れること。五穀豊穣＝子孫繁栄という論理で、農耕神と性神が習合する日本の農村の祭礼の典型です。以前は、村の新妻が丸太を男根状に加工した「ほだれ様」に乗っていましたが、近年は過疎化のため、妊娠を望む女性を公募しているようです。

つぎに岩手県花巻市・大沢温泉の金勢神社（図3－6）。祭礼では、若い女性が男根をかたどった木製の「金精《こんせい》様」を温泉のお湯に入れます。性神信仰は、温泉とも関係が深く、温泉地には「金精様」（男根）が祀られていることがあります。農民が、農閑期に温泉場で湯治《とうじ》をするときに、子作りに励むからでしょう。

神奈川県川崎市川崎区の若宮八幡宮の境内社・金山《かなやま》神社の「かなまら祭」は、大都市部に残った性神信仰として貴重です（図3－7）。金山神社は、本来、冶金《やきん》（製鉄）・鍛冶《かじ》の神ですが、江戸期に東海道川崎宿の「飯盛女《めしもりおんな》」（旅人の食事の世話をする名目で宿場に置かれた女性。実態はセックスの相手もした）の信仰を集めるようになり、金属神信仰と性神信仰が習合します。その象徴が金梃《かなてこ》から直立する鋼鉄の男根「かなまら（鉄魔羅）」で、これを女性が跨《また》ぐと子どもを授かるという信仰が現代も続いています。4月に行われる「かなまら祭」では、「かなまらさま」を神輿《みこし》に乗せて担ぎます。ちなみにこのお祭り、欧米系外国人にとても人気があります。キリスト教文化圏ではあり得ない祭礼だからです。神が定めた性の有り様しか認めないキリスト教の文化と、性器を神として祀り、子孫繁栄を願う日本の文化との大きな違いが見て取れます。

【図3-7】神奈川県川崎市「金山神社」の「かなまら祭」の神輿と「かなまら様」

四十八手図を長襦袢の柄にする日本文化

もうひとつ、日本の性愛文化の事例をお話ししましょう。図3−8は女性用の長襦袢《ながじゅばん》の柄です。長襦袢とは着物の下に着ける衣類です。その下に肌襦袢も着けるので、下着というよりも「中着」といった感じです。性交渉の際、女性は帯を解き、着物（上着）を脱いで長襦袢に伊

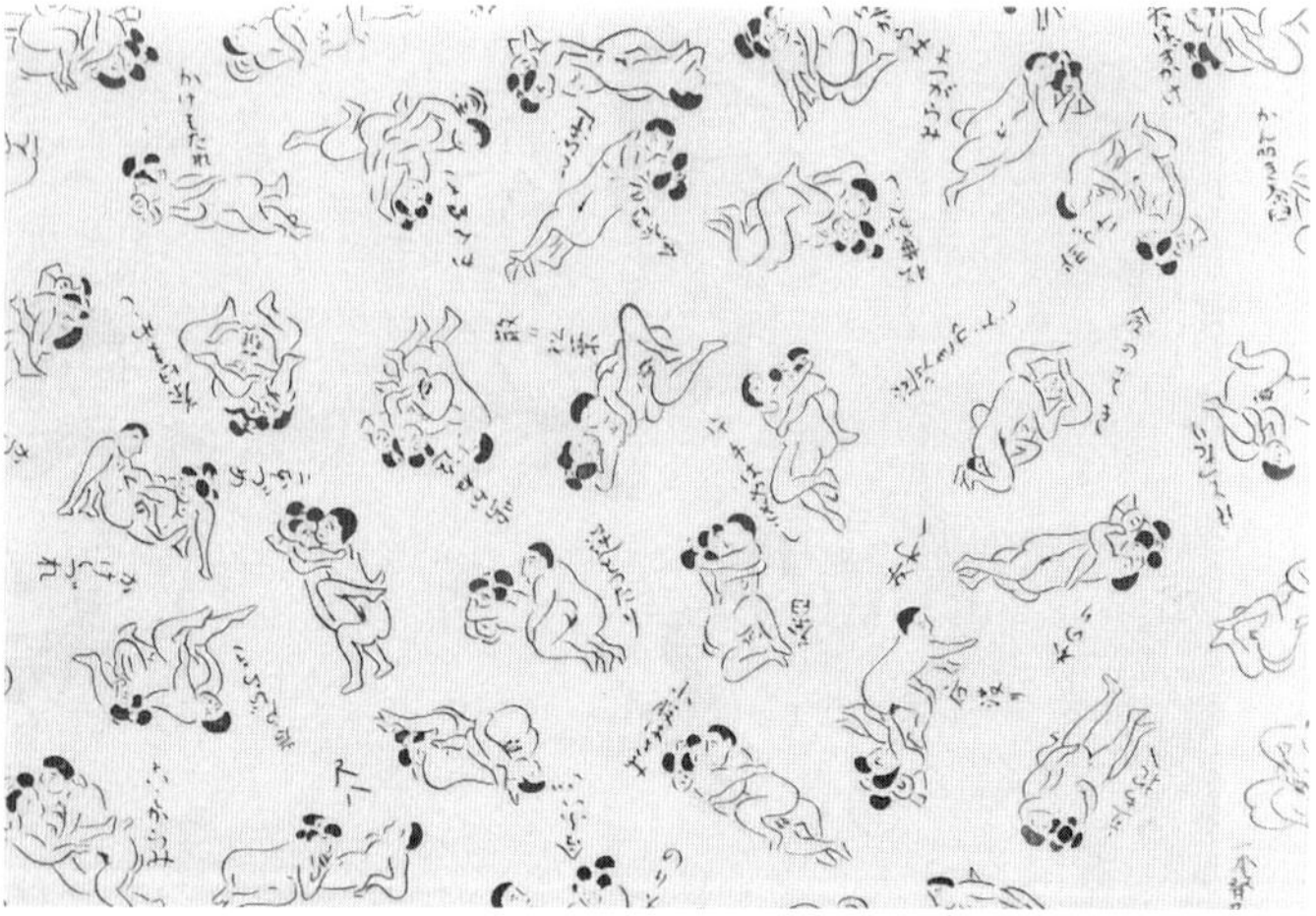

【図3-8】「四十八手」を図案化した長襦袢（松木弘吉『長襦袢 和ごころを楽しむ日本のお洒落』青幻舎）

達締めを巻いた姿で床入りしました（前近代の日本では着衣性交が基本です）。その長襦袢の図案に、「四十八手図」があります。日本では、性行為の体位を48パターンに分類し、それぞれに名前を付けることが、おそらく江戸時代に行われました。長襦袢の図案として後背立位や交差位、騎乗位など男女のさまざまな交合体位が描かれています。黒く見えるのが男女の頭です。交合図には、逆とったり、茶臼、小股はさみなど体位の名称も添えられています。

この図案は特別に性的な本ではなく、一般的な「長襦袢図案集」からとったものです。なぜ、こうした図案があるのでしょうか？　それは、四十八手図の長襦袢を着て床入りすると、子どもを授かるという言い伝えがあったからです。信仰というほどではなく、子授け、子孫繁栄の呪術の一種でしょう。

体位は「正常位」のひとつだけで、ほかは宗教犯罪化した西欧キリスト教文化と、さまざまな体位を体系化し名前を付け、さらにそれを図案化・呪術化した日本の文化との、大きな差に注目してください。ちなみに、私がセクシュアリティの要素に「性的技巧」を加えるのは、こうした体位の文化に注目しているからです。

性的指向は、３つの区分で言い尽くせるのか？

ここからセクシュアリティの構成要素を取り上げます。そして最後に、まとめとして性行動の構造をお話しします。まず、性的指向から。

性的指向（Sexual Orientation）とは、欲情、性欲の対象が何に向いているかということです。わかりやすく言えば性愛対象です。方向性と量をもったベクトルとしてイメージできます。日本語の「しこう」には、志し向かうの「志向」や嗜み好むの「嗜好」がありますが、ここは指さし向かうの「指向」です。間違えないよう、注意しなければなりません。

性的指向は、欲情、性欲の対象が異性ならヘテロセクシュアル（Heterosexual 異性愛）、同性ならホモセクシュアル（Homosexual 同性愛 ゲイ／レズビアン）、両方ならバイセクシュアル（Bisexual両性愛）という形で、一般的に3区分されます。しかし、この3分法には、疑問、再考の余地があります。まず、ここでいう「異性」「同性」は、セックス（身体的性）に基準が置かれていることがほとんどで、ジェンダー（社会的性）は無視・軽視されることが多い点です。

たとえば、身体的には男性だけど、社会的には女性として生活している人と、女性との性愛関係はどう認識されるのでしょうか？　身体的には「異性」だからヘテロセクシュアル？　いや、社会的・心理的には女性同士だからレズビアン？

あるいは、身体的には男性だけど、社会的には女性として生活している人と、男性との性愛関係は？　身体的には男性同士だからゲイ？　いや、社会的・心理的には異性だからヘテロセクシュアル？

つまり、従来のヘテロセクシュアルか、ホモセクシュアルかの区分は、セックスとジェンダーが一致していることを前提にしていて、一致していないトランスジェンダーを想定していないのです。私の知る限り、トランスジェンダーと性愛関係を持つ人のほとんどは、身体（性器）よりもジェンダー（外観やジェンダー・アイデンティティ）を重視します。つまり、Trans-womanは女性、Trans-manは男性という感覚の人が圧倒的に多いのです。異性愛の人だけでなく、同性愛の人にも、3分法を疑わない人はかなり多くいます。

もうひとつの疑問は、性的指向は3つで言い尽くせるのか？　です。簡単に説明するときは3つで解説しますが、現実はそんなに単純なものではありません。たとえば、性的指向が他者に向かわず自分に向いている人（ナルシシズムNarcissism 自己愛）がいます。性的指向がきわめて弱い（ほとんど無い）人（Aセクシュアル Asexual 無性愛）もいます。あるいは、性的指向が相手の性別を気にせずにすべての人に向く人（パンセクシュアル Pansexual 汎性愛）もいます。バイセクシュアルとパンセクシュアルの違いは、なかなかわかりにくいですが、要は性的指向もかなり多様なのです。

Aセクシュアルついて少しだけ解説しましょう。日本では「アセクシュアル」の発音・表記が主流になっていますが、国際学会などで聞いた範囲では、少なくとも英語ネイティブの人の発音は、語頭のAにアクセントがあって「エイセクシュアル」に聞こえます。日本流に「アセクシュアル」と発音しても外国では通じないでしょう。まだ、研究が始まったばかりでわからないことが多いのですが、私の感覚では、若い人たちだと、Aセクシュアルの比率は0・5～1％くらいだと思います。同性愛者よりは少ないですが、トランスジェンダーよりは多いです。近年、翻訳が出たジュリー・ソンドラ・デッカー『見えない性的指向 アセクシュアルのすべて』が基本的な文献になります。

「セクシュアリティは両耳の間（＝大脳）にある」

つぎは、性幻想（Sexual Fantasy）についてです。定義的に言えば、大脳が描く心理的な性的イメージになります。どのような性的イメージやシチュエーション（情況）に欲情するか？ということです。この概念は、日本ではあまり注目されていませんが、欧米のセクシュアリティ学ではかなり重視されています。なぜ重要かと言えば、大脳が抱く性的イメージ（性幻想）の具現化がセクシュアリティであると考えるからです。つまり、人間の性行動のベースはセクシュアル・ファンタジーだということです。

この点について、アメリカの性教育学者レスター・A・カーケンダールとメアリー・S・カルデローンがこのようなことを言っています。「Sex is between the legs,Sexuality is between the ears」（セックスは両足の間［＝股間］でするものだが、セクシュアリティは両耳の間［＝大脳］にある）。セクシュアリティの基は大脳にあるということです。この認識に立つと、人間の性行動がなぜ生殖に直結しないのか、生殖を目的と考えると無駄なことが多いのかという疑問が解決されます。人間は大脳が極度に発達した動物なので、そこで生殖に必ずしも結びつかないいろいろなイメージを抱いてしまうのです。

ここで重要なことは、さまざまな社会的規制、心理的抑制によって、性幻想と現実の性行動は一般的に一致しないということです。たとえば、道で出会う女性をつぎつぎにレイプするセクシュアル・ファンタジーを抱く男性がいるとします。ただ、そのファンタジーを具現化したら明確な犯罪であり、逮捕されたら身の破滅になるという社会的な規制がかかります（稀に、その規制がかからない男性がレイプ犯になる）。あるいは、人前で犯されたいセクシュアル・ファンタジーを抱く女性がいるとします。しかし、多くの場合、それを具現化するのはあまりにも恥ずかしい、リスクが高いといった心理的抑制が働き、具現化されません。性幻想と現実の性行動は、一致させなくてもいいのです。しかし、セクシュアリティのベースにはセクシュアル・ファンタジーがあるということです。

無数に存在する性的嗜好

性的嗜好（Sexual Preference）は、性愛における嗜好、性的な身体、性的形式、性的刺激に対するさまざまな好みと定義されます。性的指向と性的嗜好の違いですが、前者は先天的要素が強いのに対して後者は後天的要素が強く、構築的であると考えられます。性的嗜好は、性的指向以上にきわめて多様です。ほとんど無数にあると言ってもいいかもしれません。おもなものをあげましょう。

●どんな身体の特性（タイプ）に性的魅力を強く感じるか？　↓痩せている、太っている、毛深い、すべすべした肌、その他いろいろ、「シーメール」（She-male 男女両方の身体的特質を人工的に備えた人）、女装者、男装者に性的嗜好がある人もいます。

●どんな年齢に性的魅力を強く感じるか？　↓小児、少年、少女、アダルト、熟年、熟女、老人など。

●どんな部位に性的魅力を強く感じるか？　↓髪（長い・短い、色）、耳、目、うなじ、首筋、肩、手首（血管）、手、指、鎖骨、大胸筋、乳房（大きい、小さい）、腰のくびれ、背中、ヒップ、太腿、脚、膝、膕《ひかがみ》、足首、足指など。これもじつに多様です。

●どんな体位に性的興奮を強く感じるか？　↓男性上位、女性上位、正対位、後背位、騎乗位、座位、立位など。これもいろいろ、それこそ「四十八手」です。

●どんな性的刺激に性的興奮を強く感じるか？　↓口唇性交（Oral Sex フェラチオ Fellatio）、肛門性交（Anal Intercourse）、複数性交（Group Sex）、相互マスターベーション（Mutual Masturbation）、サディスティックなプレイ（加虐性愛 Sadism →心理的屈辱を与える、緊縛・拘束、鞭打など）、マゾヒスティックなプレイ（被虐性愛 Masochism）、異性装（Cross-dressing 女装・男装）、強制女性化（Forced Feminization）、フェティシズム（拝物愛 Fetishism→髪、脚、靴、下着、臭い、レース、毛皮、レザー、ラバーなど）、スカトロジー（Scatology 排泄物嗜好→尿、糞便、経血など）、身体変工（刺青 Tattooing、ピアッシング Piercing、性器加工 Genital Modification、去勢 Castration、纏足など）、露出プレイ（Exhibitionism）、窃視・盗撮（Voyeurism）、痴漢（接触性愛 Toucherism、窃触症 Frotteurism）、強姦（Rape）、獣姦（Zoophilia）、屍姦（Necrophilia）など。

まだまだあります。それ何？　というものもあると思いますが、とても、すべては説明しきれません。いくつか事例をあげましょう。

本当の足フェチは「足だけ」を求める

フェティシズムは、古い日本語訳で「拝物愛」とされるように、物に対する性的嗜好です。たとえば、「足フェティシズム」。となると皆さん「足フェチ、知ってます」と思うでしょう。皆さんがイメージする「足フェチ」は、「足がきれいな女性が好き」という性的嗜好だと思います。しかし本当の「足フェティシズム」は、「足だけが好き、足だけに性的に興奮する」という性的嗜好です。一般的には足だけが存在することは稀ですから、好みの足の持ち主が対象になりますが、足フェティシズムの人の本音は「足だけでいい」のです（103ページの「聞き取り」参照）。

「髪フェチ」も同様です。皆さんが使う「髪フェチ」は「髪がきれいな人が好き」だと思いますが、本当の「髪フェティシズム」の人は、「髪だけ」、好みの髪束がそこにあればそれでいい、髪だけに性欲を抱くのです。〝どんな部位に性的魅力を感じるか？〟は、一般的な性的嗜好の範囲で、フェティシズムではありません。

「匂いフェチ」や「声フェチ」は、フェティシズムが「拝物愛」と訳されるように「物」に対する性的嗜好なので、匂いや声が「物」かどうかは微妙なところです。ただ、性的嗜好の一種ではあると思います。

フェティシズムには、そうした身体部位に対するもののほかに、俗に「素材系」と言われるものがあります。レザー（皮革）、ラテックス（ゴム）、ＰＶＣ（ポリ塩化ビニル）、毛皮などです。また、衣服の一部（フリルなど）、下着（ショーツ、ブラジャー、コルセット、褌など）、靴（ハイヒール、ブーツ、スニーカーなど）へのフェティシズムもあります。

なぜ、フェティシズムのような性的嗜好が形成されるのか、それはよくわかっていません。

大脳の中で本来つながらないはずの刺激、たとえばレザーのぬめっとした手触りを感じる回路と、性的快感の回路は、本来、別系統のはずです。それが何かの偶然でつながってしまう。そうして生じた連結回路が何度も使われているうちに固定化されてしまう、そんなイメージで私は考えています。

「SM（プレイ）」とは、相手を虐待して性的に興奮するサディズムと、逆に虐待されることに性的興奮を感じるマゾヒズムの頭文字をとったものです。日本でつくられた略語なので、欧米では通用しません（近年、逆輸出的に少し知られるようになりましたが）。同様のプレイを欧米（正しくは英米）では、「Dominance and Submission（支配と従属）」プレイと呼んでいます。略すなら「DSプレイ」ですね。

プレイで支配者ロール（役）の女性はミストレス（mistress）と呼ばれます。日本ではなぜか「女王様」と訳されました。かなりの意訳、いえ誤訳だと思います。

SM（DS）プレイと関係が深い性的嗜好に「緊縛」があります。欧米のDSプレイでは、革ベルトで拘束する場合が圧倒的に主流です。ところが日本のSMプレイでは縄（ロープ）による緊縛が多く行われます。同じ緊縛でも、かなり違います。これには文化的背景があります。欧米人は船乗りなどを別にすれば、一般的にロープで縛ることは苦手です。それに対して、日本人は縄や紐で縛ることを日常的にしてきました。日本の緊縛は、江戸時代、奉行所が犯人を

【図3-9】「緊縛ショー」（2016年、東京・新宿）

捕縛する際に使った捕縄術《ほじょうじゅつ》の伝統を引いているという説があります（実証はされていません）。現在でも、縄による緊縛の技術に巧みな「縄師《なわし》」という人がいて、図3－9のような緊縛ショーも行われています。

私は20年ほど前に、日本を代表する縄師だった故・明智《あけち》伝鬼《でんき》さんに、お話をうかがう機会がありました。ただ縛ればいいのではなく、モデルの身体にダメージを与えないよう、縄をかける部位に配慮し（皮膚のすぐ下に血管があるような部位はNG）、吊り縄には均等に体重がかかるよう工夫するとのことで、「吊りは力学です」という言葉が印象的でした。

緊縛という性的嗜好には文化的な背景があると言いましたが、同様の例は、ほかにもあります。動物との性交、獣姦は、聖書では同性愛と並んで強く非難されているように、動物の飼育文化が発達した地域では比重が高いですが、飼育文化があまり発達しなかった日本では意識が薄いです。あるいは、死体に対する性的嗜好である屍姦は、遺体を土葬する葬制の地域ではしばしば起こりますが、火葬してしまう地域ではあまり問題化しません。

欧米には存在しない「痴漢」という概念

性的嗜好に文化的背景がある、最も身近な事例は痴漢です。痴漢とは、満員電車のような過密な空間で他者（多くは異性、同性の場合もある）の身体に秘かに触れて性的快楽を得る性的嗜好の一種ですが、実は、欧米諸国には日本の「痴漢」に相当する概念がありません。ですから言葉もなく直訳不能です。学術的にはToucherism（接触性愛）とか、Frotteurism（窃触症）と訳しますが、一般的ではありません。ある女性が、外国を長距離バスで旅行していたときに隣席の男性に身体を触られ、「痴漢です！」と叫ぼうとしたのに「とっさに英語が出てきませんでした」という体験談を教えてくれました。在外経験が長く、英語に堪能な女性でもそうなのです。また、別の女性は、カナダから来日した友人の女性に「混雑する電車では痴漢に気をつけて」とアドバイスしたら、「意味が通じずとても困りました」とのことでした。「何それ？」「そんなこととして何が楽しいの？」という感じだったそうです。日本の「痴漢」と同様の行為が問題化しているのは、韓国、台湾、中国など東アジア諸国、それに近年、都市交通が発達してきたタイのバンコクくらいでしょう。

痴漢の発生は満員電車という社会環境に由来する説があります。しかし、南アジア（インドなど）や日本の戦後の混乱期の超満員列車では、痴漢は問題化しませんでした。問題になるのは、車中での強制わいせつやレイプ（強姦）です。日本人の女性は混雑した電車に乗るとき痴漢に警戒します。それに対して、ニューヨークの女性は空《す》いている地下鉄に乗るとき、レイプを警戒するという話があります。痴漢という性的嗜好（→性犯罪）には、かなりの社会的・文化的背景があるのです。

性的嗜好の研究は、セクシュアリティ研究の中でもきわめて遅れています。ある程度の関心と見識があるのは、針間克己先生（精神科医：はりまメンタルクリニック院長）くらいでしょう。私も専門ではありません。２０１１〜13年、大阪の高槻市で、女性を押し倒して靴を無理やり脱がせ持ち去る事件が多発したとき、単なる「靴フェティシズム」ではなく「靴を脱がせる行為に対する性的嗜好」ではないか、と針間先生と見解が一致し、新聞にコメントが載りました（『日刊スポーツ』２０１3年6月17日）。日本のセクシュアリティ研究、いろいろな部分で手薄な現状です。

性幻想のところでも述べましたが、脳内のファンタジーとしてなら、基本的に、どのような性的嗜好も許されます。イメージするだけなら自由です。しかし、そのイメージを具現化し現実の行為にすると、法的に許容されないもの（犯罪）があるので注意しなければなりません。

たとえば、露出行為は公然わいせつ罪、盗撮は撮影罪、窃視、痴漢は迷惑防止条例違反、さらに痴漢の場合は触るだけでなく、下着の中に指を入れたら不同意わいせつ罪になることもあります。レイプは不同意性交等罪（強姦罪→強制性交等罪）、同意のない加虐は、監禁罪、暴行罪、傷害罪。小児性愛は児童虐待、屍姦は死体損壊罪、18歳以下の男女に対する買春や類似行為は児童買春禁止法違反です。そこはしっかりと線を引かなければなりません。

性的指向より性的嗜好を優先する人たち

最後に性的指向と性的嗜好の関係を考えてみましょう。今までのセクシュアリティ論では、先天的な要素が強い性的指向を基本的かつ第一義的なものとして、後天的な要素が強い性的嗜好をその下位に置く考え方が一般的です。しかし、現実にはすべての人にその図式が当てはまるわけではなく、性的嗜好が性的指向に優先する人もいます。たとえば、つぎのような人です。「僕は、しっかり鍛えた筋肉の上に脂肪が付いたような脚、たとえば、引退した女性アスリートのような脚が大好きなんですよ。でも、そういう脚が集まっている（女性の）店なんてないでしょう。で、僕の好みの脚が見つかる確率が高いのが女装の人の店なんですよ。だからここに来るわけ。僕にとって好みに合う脚が第一で、脚の上のほう（股間）がどうなっているかは、

【図3-10】セクシュアリティの要素の関係

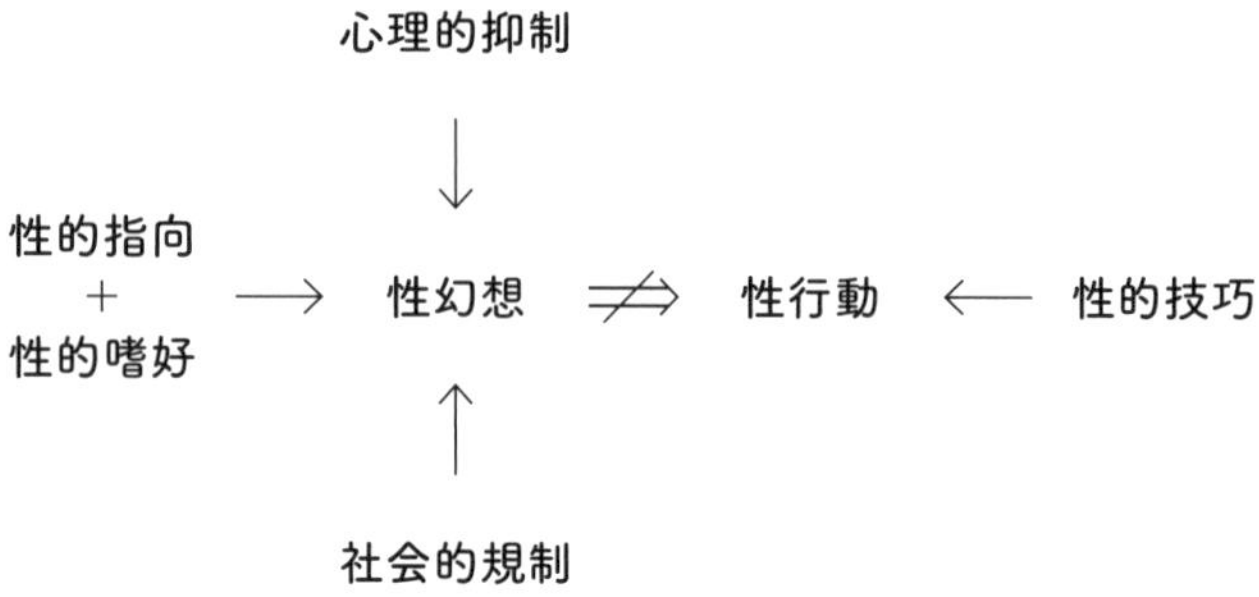

まったく関係ないんですよ」（ある脚フェチ男性の語り　新宿歌舞伎町の女装スナック「ジュネ」での聞き取り　1997年）。

この方は、私の歌舞伎町ホステス時代のお客さんです。必ずカウンターのいちばん隅に座り、ドリンク1杯目は普通に話しているのですが、2杯目の水割りをつくっている間にカウンターの下に潜ってしまいます。水割りをカウンターの下に差し出すと、それを飲みながら私の足を撫でているわけです。なぜ、「引退した女性アスリート」のような、鍛えた筋肉の上にうっすら脂肪が乗った脚が好きなのかは、聞きそびれました。

性的指向だけで考えると、この男性は女装者愛好と見なされてしまいます。しかし、それは誤解で、彼のセクシュアリティは、性的指向よりも性的嗜好を優先しているだけなのです。性的指向ばかりを強調していると、見えなくなるものがあるということの例です。

セクシュアリティの形態・性行動の有り様は、性的指向と性的嗜好の結合（複雑な絡み合い）によって決まる性幻想が基本であり、性的指向だけを重視するセクシュアリティ論は、今後、見直されるべきだと思います。

まとめとして、セクシュアリティの要素の関係を図示すると、図3－10のようになります。性的指向と性的嗜好の結合によって性幻想が形成され、それがベースになって性行動がなされますが、性幻想には心理的抑制や社会的規制が作用するので、性幻想のままの性行動にはなりません。そして、性行動の際には、性的技巧が関わってきます。さらに言えば、それらは社会的・文化的な背景（環境）の中でなされることになるのです。

それでは、今回はここまで。何か質問ありますか？

質問：性的指向はセックスがしたい相手の性を指すということでしょうか？　それとも、「好き」な人の性を指すのでしょうか？

答え：Sexual Orientationの本来の意味は性愛対象です。ただ、ロマンティック・ラブ・イデオロギー（恋愛至上主義）の蔓延によって、恋愛対象＝性愛対象という認識が広まりました。しかし、ようやく、最近になって、恋愛対象と性行為の対象を分けて考える傾向が出てきました。

質問：男性で、恋愛相手は女性なのに、性的行為の対象は男性という人の場合、どう考えればいいのでしょうか？

答え：たしかに恋愛対象と性行為の対象が異なる人は少ないですが一定数はいるわけで、ようやくそこに目が向いてきた感じです。恋愛対象は精神的な要素（プラトニック）が強いわけですが、性行為の対象には性的快感（快楽）という要素が強く絡みます。フェティシズムと同様に、本来、自分の恋愛・性愛対象ではない存在が、何らかの理由で性的快感の回路と接続してしまうということも考えられます。これからの課題ですね。

質問：ポリアモリーはどう位置付けたらいいのでしょうか？　性的指向ですか、性的嗜好ですか？

答え：ポリアモリー（polyamory）は、当事者全員が合意した上で、同時に複数の人と交際する恋愛関係のことです。なかなか難しいですが、私は性的指向・性的嗜好のどちらでもなく、恋愛の形態（スタイル）もしくは恋愛に関する「主義」だと思います。

質問：少し前に「日本赤十字」の献血のポスターに、胸の大きな女の子のイラストが描かれたことに対して、一部から「女性差別だ」「環境型セクハラだ」との声が挙がりました。この件について、どのようにお考えでしょうか？

答え：いわゆる「性の商品化」批判と表現の自由の衝突問題です。ちゃんと話をすると1回分かかってしまうので、簡潔に答えましょう。私見では、胸の大きな女性のイラスト自体は（程度にもよりますが）表現の自由の範囲だと思います。ただ、それを必然性もなく、「献血」という公共性・公益性のあるポスターに使うことは、かなり疑問です。女性の胸が大きいことと献血という行為の間にはなんら関連は認めがたく、胸の大きな女性のイラストを用いる必然性・合目的性はないと思います。

質問：性的指向はベクトルでイメージできるとありましたが、性的嗜好はどのようにイメージされますか？

答え：あくまで、私のイメージですが、ベクトル（矢印）の先にぶら下がっている「籠《かご》」かなと思います。相手の矢印が自分に向いていても、籠の中身をちゃんとチェックしないと、自分が心地良いセックスはできないと思うのです。たとえば、私の場合、相手の「籠」の中から「加虐」とか「スカトロ」とかが出てきたら、NGですね。

質問：以前、海外では日本人の性的な嗜好が〝Hentai〟というそのままの呼ばれ方で広まっており、少し気持ち悪がられたり、馬鹿にされたりしているとの話を耳にしました。海外における日本の性的嗜好の捉え方の背景にはやはり宗教の違いがあるのでしょうか。

答え：性的嗜好の日欧比較研究は誰もやっていないと思います。ただ、欧米はキリスト教の禁欲的な性規範の影響が現在でもあり、逆に日本は性に対する抑制規範がほとんどなかった前近代の影響が残っています。おそらく日本ほど多様な性的嗜好が（獣姦や屍姦を除いて）花開いた国は世界にないと思います。まさに「Hentai の王国」状態です。1950～70年代の「総合変態雑誌」の書誌研究をしていて、そう思います。

第4講

「性」の4要素論

第4講は、人間の「性」（セックスとジェンダーを併せたトータルな性の有り様）をどのように認識したらいいか、というお話をします。

「性」の4要素とは何か

まずは「性」を4つの要素に分けてみましょう。

①生物学的性（身体的性）＝セックス〈Sex〉
②性同一性（性自認）＝ジェンダー・アイデンティティ〈Gender Identity〉
③社会的性（性役割／性別表現）＝ジェンダー・ロール〈Gender Role〉／ジェンダー・エクスプレッション〈Gender Expression〉
④性的指向（性愛対象）＝セクシュアル・オリエンテーション〈Sexual Orientation〉

1990年代から、この4要素で「性」を解説するようになりました。ところが2015年以降、LGBT系NPOの企業研修などでは、③の「社会的性」を省いた3要素で解説する傾向が強くなっています。「社会的性」は文字通り、社会といちばん密接な関係にあります。社会運動が社会性を軽視してどうするの？　と思うのですが、日本の企業がジェンダーの概念を嫌う傾向があることと関係するようです。私は、社会運動と学問は常にリンクしなければならないと思っていますが、運動側の考えは必ずしもそうではなく、別の要素（収益性優先）もあるようで、それはいかがなものか？　と思ってしまいます。

では４要素それぞれを解説していきましょう。

生物学的性にあるさまざまな要素

ひとつ目は生物学的性です。

生得的な身体構造の性と言ってもいいでしょう。ただし、ひとくちに生物学的性（身体的性）と言っても、遺伝子の性、染色体の性、性腺の性、ホルモンの性、内性器の性、外性器の性、脳の性、身体外形の性などさまざまな要素があります。

また、生物学的な性は、男か女かに明確に二分することはできません。それは男女の中間的な身体構造を持つインターセックス（性分化疾患）と呼ばれる人たちがいることからわかります。インターセックスについてはのちほど解説しますが、図４－１の斜線の部分に相当します。男性の山と女性の山は別々に存在するのではなく、インターセックスを介してつながって

【図4-1】連続体としての生物学的性のイメージ

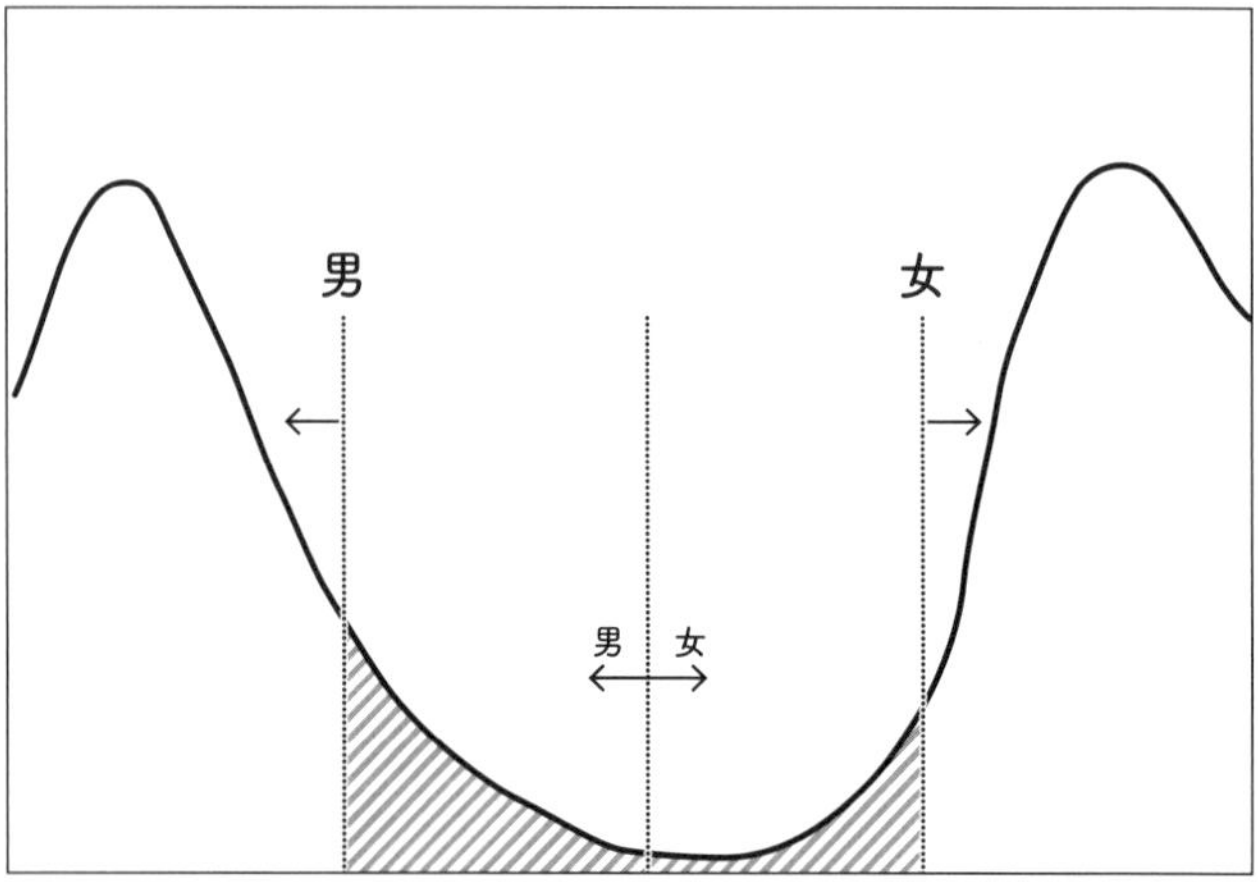

いるイメージです。言い換えれば、生物学的性の実態は、男性と女性とを両極にした連続体で、その両極に多数の人が集中しているだけと考えるべきです。実際には、この図よりも、男性、女性それぞれの山はもっともっと高いのですが、つながっていることに本質的な意味があるということです。なぜなら、それが「性分化」の仕組みに関わっているからです（これもあとで解説します）。

　こうした生物学的な性については、一般のジェンダー論ではほとんど解説されません。第2講でお話ししたように、「ジェンダーとセックスは基本的に別次元のもの」ですが、現実には、私たちはジェンダーとセックスの両側面を持って生きているわけで、そのどちらか片方の理解だけで済む話ではありません。

ということで、ジェンダー論ですが、生物学的性の要素について、少し細かく見ていきましょう。

①遺伝子の性

男性への分化を決定する遺伝子（SRY＝Sex-determining region Y）が有るか、無いかということです。SRY遺伝子があれば精巣が形成され（♂）、なければ卵巣になります（♀）。SRY遺伝子は通常、Y染色体の短腕上に存在しますが、ごく稀には欠けていたり、X染色体の上に転座したりして、ややこしいことが起きます（きわめてレアケースです）。

②染色体の性

性染色体のタイプです。人の体細胞内の核には通常、22組44本の常染色体と1組2本の性染色体が存在します。性染色体は通常、女性ならXX型、男性ならXY型です。しかし、ときにはXO、XXY、XYYなどの変異型が生じてしまうこともあります。

図4－2は人の染色体です。高校の生物の授業で出てきたと思います。染色体とはDNAの束のようなものです。ちなみに顕微鏡で細胞を観察するとき、見やすいように染めるのですが、よく染まるので染色体という名前になりました。人の染色体は22組までは男女ほとんど同じで

【図4-2】人の染色体

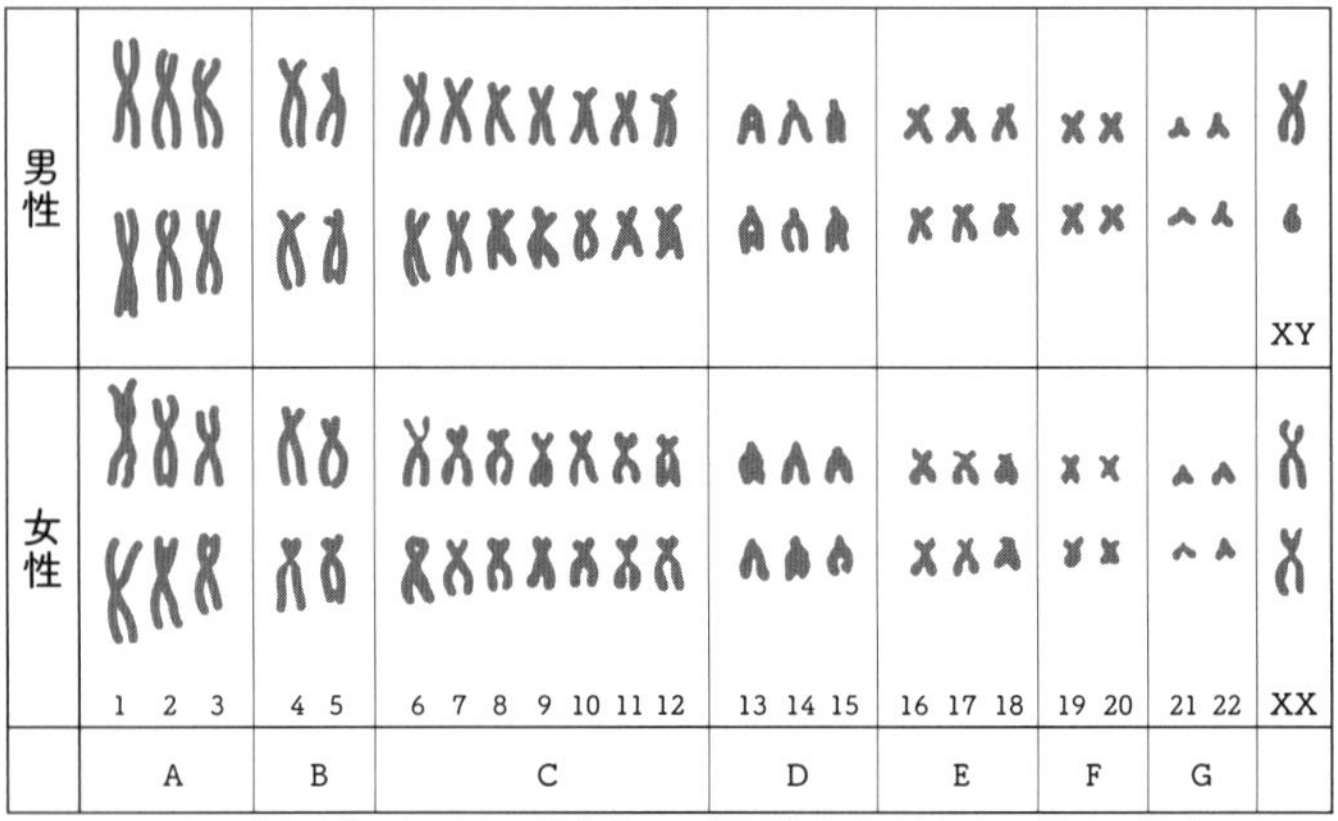

（上は男、下は女の染色体で、相同染色体を対にして並べてある）

出典：外村 晶（編）『ヒトの染色体異常図譜』（講談社）

す。ところが23組目（45・46本目）が違います。女性の45・46番目は同じ大きさ・同じ形ですが、男性の45番目と46番目は大きさも形も違います。小さい46番目をY染色体と呼びます。

X染色体には１０９８個の遺伝子が含まれているのに対して、Y染色体には78個の遺伝子しかありません。小さいだけでなく密度も低く、スカスカです。つまり、XX型の女性のほうが男性と比べて、１０２０個ほど遺伝子が多いのです。

Y染色体を拡大してみます（図４－３）。こけしの頭の部分が短腕です。鉢巻のような部分にSRY遺伝子があります。たったひとつの遺伝子の有無で、男性になるか、女性になるかが決まるのです。

【図4-3】
Y染色体の模式図

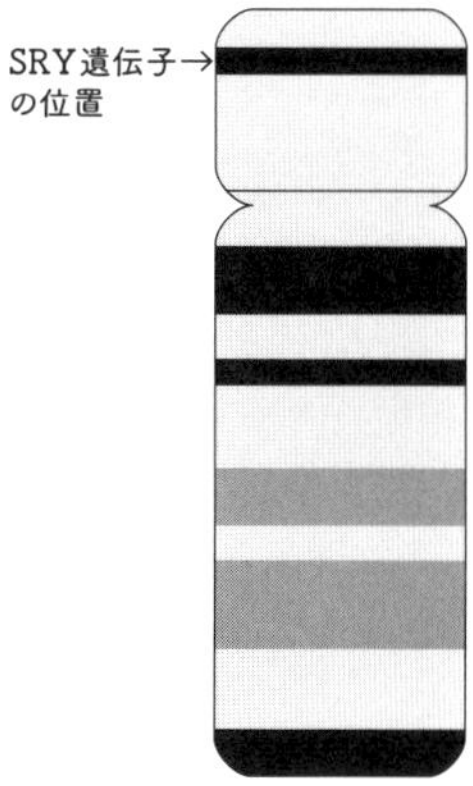

③ 性腺の性

精巣を持つか、卵巣を持つか、ということです。ＳＲＹ遺伝子があると、胎生（受精から）８週頃までに、性腺原基と呼ばれる性腺の基になる組織が精巣に分化します（♂）。ＳＲＹ遺伝子がない場合は、胎生10週頃から卵巣が形成されます（♀）。

④ ホルモンの性

男性ホルモンと女性ホルモンのどちらの環境下にあるか、ということです。精巣からは男性ホルモン（アンドロゲン）が分泌されます（♂）。卵巣からは女性ホルモン（エストロゲン＝卵胞ホルモン、プロゲステロン＝黄体ホルモン）が分泌されます（♀）。ここでのポイントは、男性ホルモンは１種類ですが、女性ホルモンは２種類あることです。

ところで、皆さん、受精と妊娠の仕組みについての知識は大丈夫ですか？

以前、大学の講義で「大丈夫ですよね」と言いながら解説したら、コメント票に「よくわかっていませんでした」という学生さん（女子も含む）が何人かいて、ちょっと怖くなりました。ということは、大人の中にも、よくわかっていない人がいるかもしれません。

そこで、念のため、高校の保健の授業の復習です。

雄と雌がある有性生殖では、生殖細胞（卵子、精子）をつくるとき、親が持つ遺伝子を半分ずつ受け継ぎます。染色体の数も半分になります（減数分裂）。女性の性染色体はＸＸですから半分になっても必ずＸ染色体を持つ卵子になります。それに対して男性の性染色体はＸＹですから、Ｘ染色体を持つ精子とＹ染色体を持つ精子が同じ数だけできます。つまり女性の卵子は1種類ですが、男性の精子は2種類あるということです。

女性の卵巣に卵胞刺激ホルモンが作用すると、卵細胞が成熟して卵子になり卵巣から出て卵管に入ります。これが排卵です。その時、そこに精子が来れば、卵子の中に精子が入り受精します。そして、Ｘ染色体を持つ精子が受精すればＸＸになって女性型の受精卵になります。Ｙ染色体を持つ精子が入ればＸＹになり男性型の受精卵になります。受精卵は分裂を繰り返しながら子宮に到達し、卵胞ホルモンの作用で肥厚《ひこう》した子宮内膜に着床します。これが妊娠です。

排卵しても精子と出会わず受精しなければ、黄体ホルモンの作用で妊娠の準備のために肥厚した子宮内膜が剥離・脱落し排泄されます。これが月経です。

月経という名称は、こうした女性特有の周期が、不思議なことに、ほぼ月の満ち欠けの周期

（29・5日）に近いことによります。

女性は、卵子になる細胞を最初から持っていて、増えることはありません。初経（初潮）から閉経まで40年ほど（個人差あり）、月に1回ペースで排卵し、尽きると閉経となります。ですから、20歳の女性の卵細胞は20年、30歳の女性の卵細胞は30年経っているということで、次第に経年劣化して、妊娠率が下がっていきます。

それに対して男性の精子は思春期以降毎日５０００万〜1億個がつくり続けられ、精巣上体という場所に約10億個が貯留できます。まさに精子は「日々新たなり」です。ただ、高齢になると精巣の機能が落ちて、精子の生産量が減ります。

1回の射精で1〜4億個の精子が膣内に入りますが、受精できるのはその内の1個だけで、壮大な数の精子が途中で「討ち死」するわけです。

⑤内性器の性

さて、話を戻しましょう。

精巣が形成されアンドロゲンが分泌されると、胎生9週頃にウォルフ管が発達分化して輸精管・精巣上体などの男性内性器が形成されます。また精巣から分泌される抑制物質によりミュラー管が退化します（♂）。精巣が形成されずアンドロゲンが分泌されないと、胎生10週頃にミュラー管が発達し、子宮・輸卵管などの女性内性器が形成されます（♀）。ちょっと複雑なので、またのちほど解説します。

⑥外性器の性

胎生10週頃、精巣から分泌されるアンドロゲンの作用によって、陰茎、陰嚢《いんのう》などの男性外性器が形成され（♂）、アンドロゲンが作用しない場合は、胎生20週頃に膣、陰核、陰唇などの女性外性器が形成されます（♀）。

現在、妊娠23週までに、妊婦健診のひとつとして超音波検診をします。超音波をあてて、胎児のエコー画像を診てトラブル（心臓や骨の奇形など）がないか調べるのですが、胎児が男の子なら、すでに陰茎が形成されているので、股間に出っ張りがあることからおおよそ見当がつきます。希望すれば、お医者さんが「たぶん男の子さんです」「たぶん女の子さんでしょう」とか教えてくれます。ただし、たまに上手に出っ張りを隠している胎児がいるので、精度は100％ではありません。

胎児の性別は、子宮を満たしている羊水を採取して、そこに浮かんでいる胎児の細胞の性染色体を検査すれば正確に知ることができますが、男女の人為的な産み分け、出生数の男女比のアンバランス化につながる恐れがあります。ちなみに、出生時の男女の比率は、自然状態では

105：100で男性が多く生まれます。これは、Y染色体精子のほうがわずかに軽いので泳ぐのが速く、卵子に早く到達する確率が高いからと推定されます。ただ、男の子は女の子より幼少期の死亡率が高いので、結婚適齢期までにはほぼ男女同数になるのです。

ところが、中国やインドなど、男の子を尊ぶ習慣がある社会では、女の子だとわかった胎児を中絶してしまうことがあり、その積み重ねで、出生時の男女比が不自然に偏ってしまうことが報告されています（2015年の中国118：100）。結果、結婚適齢期に大量の男性が「余る」事態になっているのです。

⑦脳の性

胎生5〜7カ月頃に、精巣から分泌されるアンドロゲンの作用によって、脳の性分化（脳の男性型化）が起こると考えられています。アンドロゲンが作用しないと、そのまま女性型の脳になります。最近では脳の性差を否定する学説を支持する人が増えていますが（とくに性差否定論者）、私はそれでは説明がつかない事象があると考えています。たとえば、危険（リスク）に対する反応の男女差、あるいは、あとで述べるジェンダー・アイデンティティの形成など、脳の機能的な性差を考えないと説明がつかないと思います。

さて、ここまでが母親の胎内、胎児の段階で起こる性の分化（Sexual Development）です。

出生後は思春期までは、性ホルモンはほとんど分泌されないので、大きな変化は起きません。つぎの「ホルモンの嵐」が来るのは思春期です。

⑧身体外形の性

思春期になると、第二次性徴の発現により身体の外形の男女差が顕著になります。男性ではアンドロゲンの作用によって、声帯の変化（声の低音化）、髭の発毛が起こります。さらには、骨末端の発達によってがっちりした上半身の骨格が形成され、骨量・筋肉量が増加し、女性よりも高身長になり、体毛が増加します（♂）。

女性では女性ホルモンの作用によって、初潮が発現し（月経の開始）、乳房（乳腺）が発達します（正確に言うと乳腺が発達しそれを保護するために乳房が発育する）。さらに、幅のある骨盤と厚みのある臀部（ヒップ）が形成され、全身的な皮下脂肪の増加によって、身体の柔らかなラインが形成されます（♀）。その結果、男女の身体外形の特性（差異）が明瞭になります。言い換えれば、男女の身体外形の違いは、性ホルモンによってつくられるのです。

一般的に、男性ホルモンの作用は強烈かつ不可逆的、つまり元に戻りません。Trans-man の場合、男性ホルモンを投与すると、2～3カ月で月経が止まり、声が低くなり、髭が生え体毛が増えます。さらに人によっては髪の生え際の後退が起こります。早い話、見事に「おっさん化」していきます。ところが不思議なことに、男性ホルモンの投与を止めると、低くなった声や髭・体毛は変わりませんが、月経は回復します。さらに妊娠・出産も可能です。外見上、髭面のおっさんが妊娠・出産した例は、海外ではいくつもあります。私の友人のTrans-manは、多忙で男性ホルモン投与（筋肉注射）のためのクリニックに行けず、そのまま渡米したところ、ニューヨークの街角で月経が復活してしまい大騒ぎになりました。

Trans-womanの場合、思春期に男性ホルモンの作用で変化した身体、たとえば、声、骨格、髭、体毛などは、あとから女性ホルモンをどれだけ投与しても女性化しません。不可逆的なのです。授精機能（精巣の造精機能）も、半年ほどの投与（ちゃんとした人体実験ではありませんで失われ、回復しません。髭や体毛は、現代ならレーザー脱毛などで処理するしかありません（体毛は面積が広いので、濃い人はとても大変）。最大の問題は低音化した声です。これを解消するには2つの方法があります。

ひとつはボイス・トレーニング。男声のテノールと女声のアルトの声域はかなり重なります。声域的にそこを使うようにして、さらに発声法などを女性に近づけます。私の時代はそれぞれが自己流でやりましたが、最近は専門のトレーナーもいます。2つ目は声帯の手術です。喉を切開して、声帯の張力を高めたり、糸で縛って短くしたりします。弦楽器をやったことがある人はわかると思いますが、ギターでもバイオリンでも弦を強く張ったり、指で押さえて短くし

【図4-4】Trans-womanのメゾソプラノ声楽家

て弾くと、音が高くなります。それと同じ仕組みです。ただ、この方法だと、低い声が出なくなり声域が狭くなって、なんというか抑揚《よくよう》に乏しい声になります。仕事柄、歌うことが多いニューハーフ（商業的なトランスジェンダー）はまずやりません。歌が上手に歌えなくなるからです。

　私の古い友人にAdaさんというTrans-womanの声楽家（クラシック）がいます。この方、男性としてはテノール歌手なのですが、女性としてはメゾ・ソプラノで歌います（図4－4）。最初にコンサートを聴きに行ったときは「ちょっと無理があるな」と思いましたが、10年続けているうちに、ほぼ問題なく聴けるレベルになりました。「声変わり」の不可逆性を考えると、とても難しいことにチャレンジして、しかも、声楽家としてそれなりのレベルに到達したのはすごいことだと思います。

人の身体は女性が基本「イブ原理」

では、今まで述べた生物学的な性の要素を性分化の視点で整理しましょう。

人の身体的性はY染色体にあるSRY遺伝子の有無によって決定されます。受精のとき、X染色体を持つ精子が卵子に入れば女性になり、SRY遺伝子があるY染色体を持つ精子が入れば男性に分化します。胎生7週頃までは「性的両能期」といって男女どちらにでもなれる形態です。その状態からSRY遺伝子が存在する場合のみ、男性への分化が進行します。男性への分化は、精巣の形成→アンドロゲンの分泌→内・外性器の男性化→脳の男性化という複雑なプロセスをたどります。

つまり、アダム（男性）のあばら骨からイブ（女性）がつくられたというユダヤ―キリスト教の人間創成の物語（旧約聖書『創世記』）とはまったく逆で、人の身体は女性型が基本で、男性はそこから分化した存在なのです。これをイブ原理と言います。キリスト教の聖書原理主義が根強い地域、たとえばアメリカ南部では、この話はできません。

図4―5を見てください。男性も女性も材料は同じなのです。そこから男性の場合は、男性ホルモンという道具（作用物質）を使って改造が始まり、2本用意されている管のひとつだけを使います。材料は同じだけど、基本設計でいくか（女性）、改造設計でいくか（男性）ということです。ですから男性のペニスと女性のクリトリスは同じ材料です。男性の陰嚢と女性のラビア（大陰唇）も同じ素材です。左右のラビアが中央で接合すると袋になり、そこに最初は

【図4-5】性分化の仕組み

イラストの点線部分は痕跡が残るだけか、いずれ消えてしまう

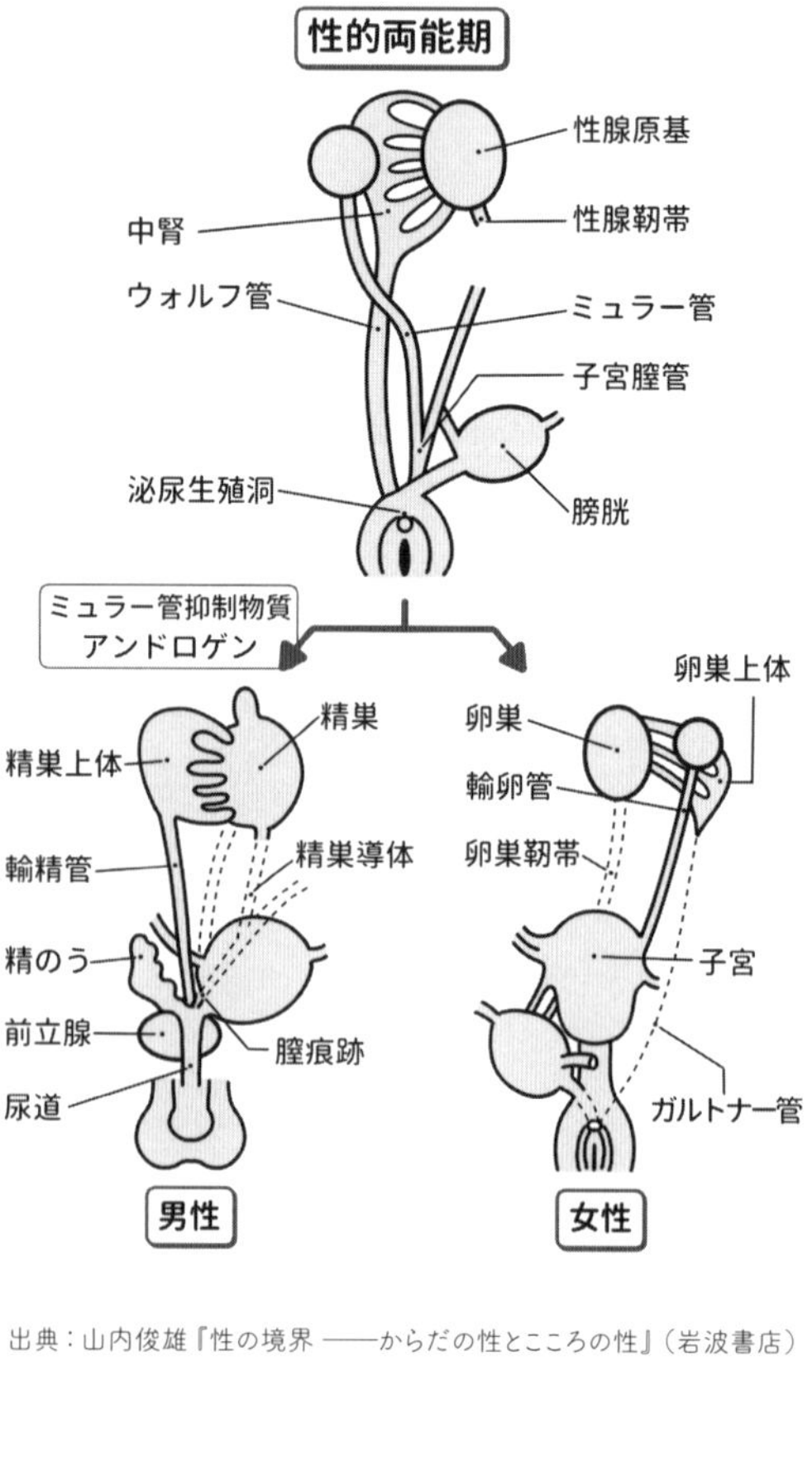

出典：山内俊雄『性の境界 ——からだの性とこころの性』（岩波書店）

体内にあった精巣が降りてくる仕組みです。男性の袋にはその名残の線（陰嚢縫線）があるはずです。

男性への分化のプロセスは、複雑かつ微妙なプログラムに従って進行します。まずSRY遺伝子の発現でスイッチが入り、精巣からアンドロゲンという作用物質が放出され、それを細胞のレセプター（受容体）が受け止める。それらは適切な時期に起動し、適切な量のアンドロゲンが作用しなければなりません。しかも、そうした男性化の作業は、女性ホルモンに満ちた母親の胎内という男性化にとっては困難な環境下でなされます。たとえるなら、コンピューター基盤の配線変更作業をクリーンルームではなくダストが多い部屋で行うようなものです。ですから男性化のプロセスには、なんらかの故障や狂いが生じやすいのです。その場合、男性への分化が不完全・不十分になり、男性の身体的性の形成にさまざまな支障が生じることになります。それが性分化疾患です。

図4－1の男女は連続体の図、よく見ると、斜線で示したインターセックス（性分化疾患）の部分、男性寄りのほうが多くなっているのがわかると思います。そこまで考えて描いています。

インターセックス（性分化疾患）とはなんなのか

インターセックス（性分化疾患）について解説しておきましょう。定義的には、性染色体、性腺、内性器、外性器などが非定型的である先天的状態、身体的な性別を男性か、女性か、単純には分類・決定できない身体状態、あるいはそうした身体を持つ人たちを指します。古くは「半陰陽」「間性《かんせい》」、さらには「インターセックス」などと言われてきましたが、近年、当事者の意向を尊重して、専門の学会が「性分化疾患」（Disorder of Sex Development＝ＤＳＤｓ）の名称を採用しました。さらに最近、Differences of Sex Development と言うようになりました。ですが、当事者の中には「インターセックスのままでいい」という人たちもいるので、私は併記する形にしています。

具体的には、卵巣と精巣の両組織を持つ（卵精巣性性分化疾患）、性染色体の変異（ＸＯ型＝ターナー症候群、ＸＸＹ型＝クラインフェルター症候群、ＸＸとＸＹのモザイクなど）、ホルモン分泌の異常（先天性副腎皮質過形成など）、ホルモン受容体の異常（アンドロゲン不応症など）、外性器の形態異常（尿道下裂、陰核肥大）など、原因、状態はさまざまです。専門的に分類すると約60種類以上あるそうで、性分化疾患はそれらの疾患群の包括用語です。

卵精巣性性分化疾患は、男女両方の性腺を持つので、両性具有として俗的な興味の対象になってきましたが、実際にはどちらも機能しないことがほとんどのようです。性染色体の異常は、ターナー症候群のように1本欠けていると支障が生じるのは想像できますが、クラインフェルター症候群のように1本多くてもいろいろ支障があるようです。先天性副腎皮質過形成とは、腎臓の上にある副腎から出るホルモンが、男性ホルモンと構造的によく似ていて、それが大量に出ることでレセプター（受容体）が男性ホルモンと間違って受け止めてしまい、女性なのに男性化が進んでしまう疾患です。

アンドロゲン不応症はその逆で、精巣があり、男性ホルモンが出ているのにそれを受け止めるレセプターが機能しないので男性化が進行しない疾患です。ピッチャーがいくら球を投げても、キャッチャーがいない状態にたとえられます。尿道下裂は、男性の尿道はペニスの先端に開いていますが、それが下側（裏側）にずれてしまう疾患です。軽度なら立っておしっこ（立位排尿）がうまくできない程度ですが、重度だと外性器の形が女性型に近くなってしまい、出生時の性別の判断を誤る原因になります。

ケースや個々人の状態により違ってきますが、外性器の形態異常だけで、性腺（精巣・卵巣）の機能が正常ならば、インターセックスの人が外性器の形成手術や人工授精で子どもを持つことは可能です。ただ、性腺の機能に問題があり、精子や卵子がつくれないと子どもを持つことは困難です。

インターセックスも男女どちらかに区分される

インターセックス（性分化疾患）は、外性器の軽微な障害まで含めれば、約2000人にひとりの確率で発生すると考えられています。最近はもっと多いという説もあります。いちばん多い症状の軽い尿道下裂などは、幼児期の手術で修復できるので、学齢期まで持ち越す人は少なくなります。近代医学ではインターセックス児に対して、本人の意思とは関わりなく、便宜的な基準で医師や両親の判断に基づき、男女どちらかの性に帰属させ、養育上の性別に適合しない内性器の除去手術や適合性を高めるための外性器の形成手術、性ホルモン投与が行われてきました。

便宜的な基準とは、出生時のペニス（またはクリトリス）の長さが、1センチ以下なら女子、1センチ以上なら男子にするような基準です。これはどういうことかと言いますと、成長したあと、立っておしっこ（立位排尿）ができるかどうかの経験的な分岐点だそうです。あるいは親が「ウチは上3人が女の子なんで、ぜひ男の子にしてください」、その逆で「男の子だと兵隊にとられるので女の子でお願いします」とか。これは実話です。そんなことで、男か女かを決めていいのか？　と思います。

日本の法律では、出生の日から14日以内に出生届を出さなければいけません。そこには男・女どちらかを記載することになっています。判然としない場合は保留できますが、いずれは男・女どちらかにしなければなりません。図4－1の「男女は連続体」の図で、斜線の部分も最終的に男女どちらかに区分されるように描いてあるのは、そういう意味です。

しかし、近年、こうした状況に当事者から疑問が提起され、当事者のジェンダー・アイデンティティや性別の自己選択を尊重する方向で、治療方針を見直す動きがようやく始まりました。そのいっぽうで、教育学者の中には「学校で男女どっちつかずでは、いじめの原因になる。小学校入学までにどちらにするか決定すべきだ」といった意見もあります。

ジェンダー・アイデンティティの正しい訳語は、性同一性

性の4要素の2つ目は、ジェンダー・アイデンティティです。ジェンダー・アイデンティティの訳語は、心理学や精神医学の術語としては「性同一性」が使われてきました。時間的・社会的に同じ性別である感覚のこと、と定義できます。それに対し1990年代から、おもに社会学などの分野で「性自認」という訳語が多く使われるようになりました。性別の自己認識、

自分自身の性別をどのように認識しているか、と定義できます。訳語が2つあって統一されていないのも困ったものですが、それぞれの学問分野の事情もあり、統一はなかなか難しいのが現状です。

私は「性自認」をずっと使用してきましたが、友人でジェンダー・アイデンティティの臨床研究の第一人者である佐々木掌子さん（臨床心理学、明治大学文学部准教授）から「性同一性が正しい訳語です」とのお話を聞いてからは、併記するか、カタカナでジェンダー・アイデンティティと表記するようにしています。以前は「心の性」といった言い方もされていました（NPO系の研修会などでは現在でも使用しています）。これは一見、わかりやすそうな言い方ですが、心に性別があるのか？　そもそも「心」ってなんだ？　どう定義するのか？　などの問題があり、少なくとも学問的には使いません。

ジェンダー・アイデンティティの有り様は、「男性である」、「女性である」だけでなく、「どちらでもない」（無性＝A-gender）、「どちらでもある」（双性＝double-gender）、「第三の性である」（third-gender）、「男女の中間である」（中性＝gender-neutral）、「時により変化する」（不定性＝gender-fluid）、「わからない」「決めたくない」（未定性＝Questioning）などの形が考えられます。性別の自己認識、自分自身の性別をどのように認識するかは、それほど多様なのです。

ジェンダー・アイデンティティは、社会的には、男性、女性どちらの集団に所属するか、あるいは所属することを願うかの社会的帰属意識として現れます。もちろん、サード・ジェンダーが認められる社会ならば、そこへの帰属意識もあるわけです。社会的帰属意識とは、つぎのような事例で説明できます。小学校で先生が「はい、男の子は廊下側に集まって、女の子は窓側に集まって」と指示したとします。ほとんどの子は無意識的にどちらかに移動します。自分が男女どちらの集団に帰属するか迷うことなくわかっているからです。

ところが、ジェンダー・アイデンティティに揺らぎのある子は、すんなりと移動できません。一瞬、迷います。そして「今はこっちに行かないといけないのだ」といった意識で移動します。今から20年ほど前、私は大規模な着物イベントに参加しました。記念撮影のとき、最初は全員（200人くらい）で撮影し、その後、カメラマンが「つぎは女性だけで撮影します。男性は抜けてください」と指示しました。その時、私は一瞬、体が固まるというか、ほんのわずかあとずさりしたのだと思います。その気配を察した女友達が、私の肘に手を添えて「ここでいいのよ」とささやいてくれました。今でも感謝しています。

こうした男女を分ける状況は、ジェンダー・アイデンティティが身体と合致し安定している人にとってはなんでもないことですが、ジェンダー・アイデンティティと身体に不一致があったり、揺らいでいたりする人にとっては、かなり心理的な負荷（ストレス）になるのです。

ジェンダー・アイデンティティは、遺伝と環境の二層構造

性の自己認識が、脳の中でどのようなプロセスを経て形成され保持されるのかは、現代の脳科学では解明されていません。仮説として、微弱な電流が神経回路を回っているような説はありますが。したがって、ジェンダー・アイデンティティを科学的に証明することは現状では困難です。それを理由に、ジェンダー・アイデンティティの有り様を疑ったり、否定する人がいますが、それは難癖に近いです。アイデンティティなのですから、主観的なのは当たり前です。ある人のアイデンティティを他者が一方的に否定するのは明らかな暴力です。

私は、ジェンダー・アイデンティティは二層構造になっていると考えています。基層的なジェンダー・アイデンティティは、脳の構造上の性差（脳の性）に由来し、それをベースにして、生育環境などに影響される二次的（後天的）なジェンダー・アイデンティティが形成されると推測しています。つまり、ジェンダー・アイデンティティの形成には、先天的要素（遺伝）と後天的要素（環境）の双方が関わっていると考えられます。この点は、どの論者もほぼ一致しています。問題は、先天的要素と後天的要素の比率をどのくらいと見るか？　です。9対1のようなイメージの論者もいれば、6対4くらいのイメージの論者もいます。私は7対3くらい

かな？　と思っています。

ときどき「男の子を女の子として育てたら、女の子になりますか（適応できますか）？」という質問をもらいます。適応できない子（やっぱり自分は男の子だ！）のほうが多いと思いますが、中には女の子として適応する子もいると思います。しかし、そんな非人道的な実験はできないわけで、どの程度の比率になるかはわかりません。

基層的なジェンダー・アイデンティティは、生後1～2年で成立すると推測されます。後天的なジェンダー・アイデンティティも思春期前後にはほぼ形を成すと思われます。ただ、私のように思春期を過ぎて青年期になるまで不安定な例もあります。

大事なことは、いったん形成されたジェンダー・アイデンティティはきわめて強固で、外的な力、たとえば、精神的・物質的強制＝拷問や治療によって変えることは、ほとんど不可能です。だからこそ、ジェンダー・アイデンティティと身体との間に不一致があるときは、身体のほうをジェンダー・アイデンティティに合わせる方向で修正するのです。アメリカの一部（共和党が強い州）では、コンバージョン・セラピー（Conversion Therapy 転向療法）という、身体にジェンダー・アイデンティティを合わせる療法がいまだに行われています。日本でもそれを支持する人がいますが、コンバージョン・セラピーは、たとえ善意であっても当事者にとっては精神的拷問に等しく、人権的に大きな問題があり、許されるべきものではありません。

他者によって与えられる性別認識、「性他認」

4要素の3つ目は社会的な性です。これについては第2講で詳しく解説しましたので、復習程度にとどめておきます。

ジェンダーとは社会的・文化的な性で、生物学的性（Sex）とは基本的に別次元のもの。人間が誕生したあと、成長の過程で後天的に身につけていく性の有り様（性差を含む）です。具体的には、社会（文化）によって規定され要請される「男らしさ」「女らしさ」（性役割）や、服装など、性別の表現形（性別表現）です。それらは、社会（文化）によって規定されるものなので、社会（地域・時代）が異なれば、「男らしさ」「女らしさ」の概念も異なったものになります。

性役割（Gender Role）とは、男女どちらの社会的役割、つまり社会（文化）によって規定され要請される「男らしさ」「女らしさ」のどちらを行うか、演じるかということです。

性別表現（Gender Expression）とは、服装や化粧など、男女どちらの表現形を取るかで、身体的性差の強調、ファッション（服装、化粧、髪型、アクセサリー）、しぐさ、言葉づかいなどのジェンダー記号の操作によって行われます。

両者を厳密に分けることは困難ですが、性役割と性別表現を行うことが、Doing Gender になります。性役割と性別表現の中身は、必ず一致するとは限りませんが、一致しているほうが社会的には安定します。一致していない場合は、性他認（他者によって与えられる性別認識）の獲得に混乱が生じることがあります。たとえば、言葉づかいやしぐさがとても女性的なのに、服装表現が男性の場合、周囲の人たちはその人を女性と認識したらいいか、男性と認識したらいいか迷ってしまうからです。

ここで、身体的性、性自認、社会的性の3つの関係、とくに性自認と性他認のフィードバックについて説明しましょう。なお、話の便宜上、ここでは「性自認」の訳語を使います。

一般に、性自認に基づいて、性役割が獲得され、性別表現が実行されます。その途上で、性自認は身体的性によって確認・証明が与えられます。たとえば「おちんちん」の有無、声変わり、髭の発毛、あるいは月経、乳房の発育などの二次性徴です。「おちんちんがあるから僕は男の子だ」「生理がきたから私は女なのだ」という確認です。そうして獲得された社会的性が社会の中で機能することによって、他者の性別認識が与えられ、それによって性自認はさらに補強されていきます。この社会の中で、他者によって与えられる性別認識を、私は「性他認」と名付けました。

なぜ、性自認の主張だけではうまくいかないのか

Trans-woman を例に具体的に説明しましょう。自分が女だと思うから（性自認）、女としての外観をつくり（性別表現）、女として振る舞います（性役割）。それを見た周囲の人が女として認識し、女として扱います（性他認）。こうして社会の中で女として扱われることで、自分が女であることが確認されます（性自認の補強）。さらには、社会の中で女として有り続けなければならなくなります（性他認の縛り）。

ここでは、身体的性による性自認の確認は意図的に回避されます。それは、むしろ性自認の確認を妨げるからです。Trans-woman にとってペニスは見たくないもの、さらには嫌悪の対象になります。また「性他認の縛り」ですが、一度、女性としての性他認を獲得してしまうと、それに縛られます。よく「トランスジェンダーの人は、女にも男にもなれていいわね」といったことを言う人がいますが、現実にそんなことをしたら、人間関係が混乱し、社会生活が困難になります。逆に言えば、女性としての社会的認知（性他認）を得るためには、「女性です」と性自認を主張するだけでは不十分であり、Doing Female Gender をするとともに、ある程度（完璧でなくてもいい）、女性に見える外貌を獲得することが必要になります。ここでのポイ

ントは「ある程度（完璧でなくてもいい）」の部分です。男女どちらをしようとしているのか、周囲の人にわかれば、だいたいそれでOKです。Doing Genderの方向性がわかればいいのです。なぜ、性自認の主張だけでは社会的にうまくいかないのか？　なぜなら人は、視覚が認識に大きく影響するので、女性に見えない人を女性として認識するのは一般的にかなり困難だからです。それを一方的に強く求めることは、性自認の押しつけになりかねません。

2000年代、「性同一性障害」概念の全盛期に、性自認の絶対性が強く主張されたことがありました。「性同一性障害」の人たちの集会で、どう見ても男性にしか見えない人が「私の性自認は女性です。女性として扱ってください」と主張していました。残念ながら性自認は目に見えません。見えるのは男性的な姿だけなのです。その時、私は、性自認を絶対視する「性自認至上」の考え方に大きな疑問を抱きました。

ですから、講義では「私を女性として扱って欲しい」とは言いません。皆さんが見たまま感じたままの性別認識（性他認）で結構です」と受講生さんに言っています。

私の基本的な考え方は、〝社会における性別認識は、性自認と性他認の複雑な関係で成り立っている〟〝ジェンダー・アイデンティティは、その人にとってとても重要であり、尊重されるべきものではあるが、社会的には絶対ではない〟ということです。これらの話に興味がありましたら、私の『女装と日本人』の第6章「日本社会の性別認識」を読んでみてください。

性的指向の3分法に再考の余地あり

4要素の4つ目は、性的指向（Sexual Orientation）です。第3講で説明しましたので、こちらも復習程度にします。

性的指向とは、欲情、性欲の対象が何に向いているかです。わかりやすく言えば性愛対象です。方向性と量をもったベクトルとしてイメージできます。性的指向は、欲情、性欲の対象が異性ならヘテロセクシュアル（Heterosexual 異性愛）、同性ならホモセクシュアル（Homosexual 同性愛 ゲイ／レズビアン Gay／Lesbian）、両方ならバイセクシュアル（Bisexual 両性愛）の形で、一般的に3区分されます。しかし、3分法には、いろいろ疑問、再考の余地があります。ここでいう「異性」「同性」は、セックス（身体的性）に基準が置かれていることがほとんどで、ジェンダー（社会的性）は無視・軽視されることが多い点です。

これで、4要素の解説は終わりです。整理しますと、性分化疾患は身体的性の非典型です。「性同一性障害」はジェンダー・アイデンティティ（性同一性）の非典型で、精神疾患でしたが、2022年に精神疾患ではなくなりました（脱精神疾患化）。同性愛は性的指向の非典型ですが、すでに1993年に疾患から外れて（脱病理化）、現状ではいかなる形でも病気ではありません。

それでは、今回はここまで。何か質問、ありますか？

質問：なぜインターセックス（性分化疾患）のことは世の中で知られていないのでしょうか？

答え：第一に性教育の枠組みにほとんど入っていないこと（現在でも）。第二に2015年以降の「LGBTブーム」で同性愛やトランスジェンダーについての報道が増え、社会的認識が改善されつつある中で、インターセックスは完全に乗り遅れたこと。実は欧米では「LGBT」ではなく「LGBTI」という略称が一般的です。では、なぜ日本ではIが落ちてしまったのかというと、一部の性分化疾患の方たちから「同性愛者やトランスジェンダーなんかと一緒にしないでくれ」という強い要望があったからです。

質問：インターセックスの人たちの、戸籍上の性別はどうなりますか？

答え：日本の戸籍制度は、男性、女性以外の性別は認めていないので、無理やりでも男・女どちらかの記載になります。諸外国では、男性でも女性でもない第三範疇を認める国も増えてきているので、日本もそうすべきだと考えます。

質問：性分化疾患と性同一性障害は、相互に関係するのでしょうか？

答え：性分化疾患による身体的な問題が、ジェンダー・アイデンティティの揺らぎの原因になり、性同一性障害に至るケースはありえます。ただ、そういったケースが多いかというとそうでもなく、基本的には相互関係はないと思います。以前は、性分化疾患の人は性同一性障害の診断がおりなかった（除外診断）のですが、その後、改善されました。

質問：「どう見ても男性の容姿をしているのに自身を女性だと性自認する方」はなぜ女性らしい見た目にしないのでしょうか？

答え：いろいろなケースがあると思います。①（性同一性障害者にときどき見られる）性器外形至上主義で、性別適合手術を済ませていれば女性として社会で通用すると考えている、②女性的な容貌をつくる技術（ジェンダー記号の操作テクニック）が無い、学ぼうとしない、③日常生活に社会性が乏しい（引きこもりに近い）、などが考えられます。

質問：思春期以前に身体と逆の性ホルモンを投与したら、どうなりますか？

答え：少年なら男性化（声変わり、骨格形成）、少女なら女性化（初潮、乳房の発達）をある程度、抑制することはできます。ただ、医療倫理的にそうした措置は認められていません。日本では、性同一性障害の診断があれば、思春期以降、性ホルモンの作用を薬でブロックして第二次性徴の発現を遅らせ、15歳になってから、生物学的性とは逆の性ホルモンを投与することは「治療」として認められています。ただ、思春期以前の段階で性同一性障害の確定診断は困難という説もあり（私はその立場）、なかなか難しい問題です。

第5講

「性」の多層構造論

第4講では「性」を4つの要素に分解してみましたが、そこから言えることは人間の「性」は複数の要素が複雑に絡んで形成される複合的なものだということです。

人間の「性」を分解したままでは困るので、第5講では、分解した「性」の要素を組み合わせることで、「性」を構造的に考え、そして、模式図に描いてみることで、より理解しやすくしてみようと思います。

「性」の4要素を組み合わせてみる

分解したものをただ組み合わせては元に戻るだけで、意味はありません。そこで組み合わせるにあたって留意することがあります。それは、「性」を構成する要素は、基本的には独立のもので、必ずしも連動するとは限らないということです。数学っぽく言えば、それぞれの要素は独立のパラメーターだということです。

具体的にお話ししましょう。

身体は男性だけどジェンダー・アイデンティティは女性という人、身体は女性だけどジェンダー・アイデンティティは男性という人は、稀ですが確実にいます。どのくらいの比率かはなかなか難しいのですが、1000人に1～2人くらいはいるでしょう。つまり、身体が男性だからといってジェンダー・アイデンティティが男性とは限らない、身体が女性だからといってジェンダー・アイデンティティが女性とは限らないということです。身体的性とジェンダー・アイデンティティは必ずしも連動するとは限らないのです。

あるいは、男性だからといって女性が好きとは限らないし、女性だからといって男性が好きとは限りません。男性だけど男性が好きな人、女性だけど女性が好きな人は、けっこういます。だいたい100人に2～3人はいると考えていいでしょう。

2つの事象を、「○○だから○○だ」というように連関させる考え方があります。私も歌舞伎町のホステス時代に、「お前は男が好きだから女になったのだろう」とか、逆に「わざわざ女になったくらいだから男が好きなんだろう」とかずいぶん言われました。「違うんだけどなぁ」です。現実の社会では、「男性だから女性が好きなんだろう」「女性だから男性が好きなんだろう」と連動させた推測は95％くらいは当たります。しかし5％くらいは外れます。そこで、いったん連関を断ち切って、考えてみる。それによって見えてくるものがあるはずです。

「性」の4要素に単純に「男」「女」を割り振っていくと、その組み合わせは何通りになるでしょう？　数学が得意な人は、組み合わせの理論で2の4乗＝16通りと、すぐに答えられます。私のように数学が苦手な人は、図5－1のようにひとつひとつ組み合わせを書いていくと、やはり16通りになります（ゲイ、レズビアンなど、性的指向の表記は性同一性に基づいて記載し

【図5-1】「性」の16パターン

	身体的性	性同一性	社会的性	性的指向	
❶	男	男	男	男	ゲイ男性
❷	男	男	男	女	多数派の男性
❸	男	男	女	男	女装のゲイ
❹	男	男	女	女	女装男性（ヘテロ）
❺	男	女	女	女	Trans-woman（レズビアン）
❻	男	女	女	男	Trans-woman（ヘテロ）
❼	男	女	男	男	潜在的Trans-woman（ヘテロ）
❽	男	女	男	女	潜在的Trans-woman（レズビアン）
❾	女	女	女	女	レズビアン女性
❿	女	女	女	男	多数派の女性
⓫	女	女	男	女	男装のレズビアン
⓬	女	女	男	男	男装女性（ヘテロ）
⓭	女	男	男	男	Trans-man（ゲイ）
⓮	女	男	男	女	Trans-man（ヘテロ）
⓯	女	男	女	女	潜在的Trans-man（ヘテロ）
⓰	女	男	女	男	潜在的Trans-man（ゲイ）

ています）。

中にはきわめて稀なケースもあると思いますが、存在しないとは言い切れません。

さらに男／女だけでなく、その中間的な存在（インターセックスやバイセクシュアルなど）を考慮して、選択肢を「男」「女」「その他」の3つにすると、組み合わせパターンは3の4乗＝81通りになり飛躍的に増加します。このように「性」はけっして、男／女の2パターンで説明できるものではなく、きわめて多様なのです。「性」を4要素で考える（かつ連関させない）ことにより、性の多様性（Sexual diversity）が見えてくるのです。逆に言えば、「性」を単純に「男」

と「女」とにしか区分しない性別二元制の虚構性（フィクション）も見えてきます。性別二元制は、経済的・社会的に効率が良いから採られている制度であって、必ずしも現実の世界にあてはまりません。

人間の「性」は三層構造をなしている

さて、「性」の4要素を構造的に視覚化してみましょう。その際に重要なことは、4つの要素が社会的にどのように機能しているかです。社会的な視点から考えた場合、最も可視的なのは、その名の通り「社会的性（性役割・性別表現）」です。したがって、これが人間の「性」の表層に位置していると考えます。つぎに可視的ではなく本人が表明しない限り本音はわからないものの、日常の社会的なコミュニケーションなどを通じて察することが可能なのがジェンダー・アイデンティティ（性同一性）です。したがって、これを中層に置きます。

身体的性は、通常は衣服によって隠蔽されていて露わにされることは少ないので、これを深層（基層）に位置させます。

つまり、人間の「性」はおおむね「社会的性」を表層として、「ジェンダー・アイデンティティ」を中層に挟み、「身体的性」を深層とする三層構造（多層構造）をなしているとイメージできます。そして、その3要素が一体となって「性的自己」を形成し、それが「性的他者」に向きあうイメージです。この「性的自己」から「性的他者」に向かう矢印（ベクトル）が「性的指向」になります。

なお、性的指向の起点として「性的自己」を形成する3要素のうちのどれを重視すべきか、意見が分かれますが、私は「ジェンダー・アイデンティティ」を起点に考えます。

【図5-2】「性」の多層構造図

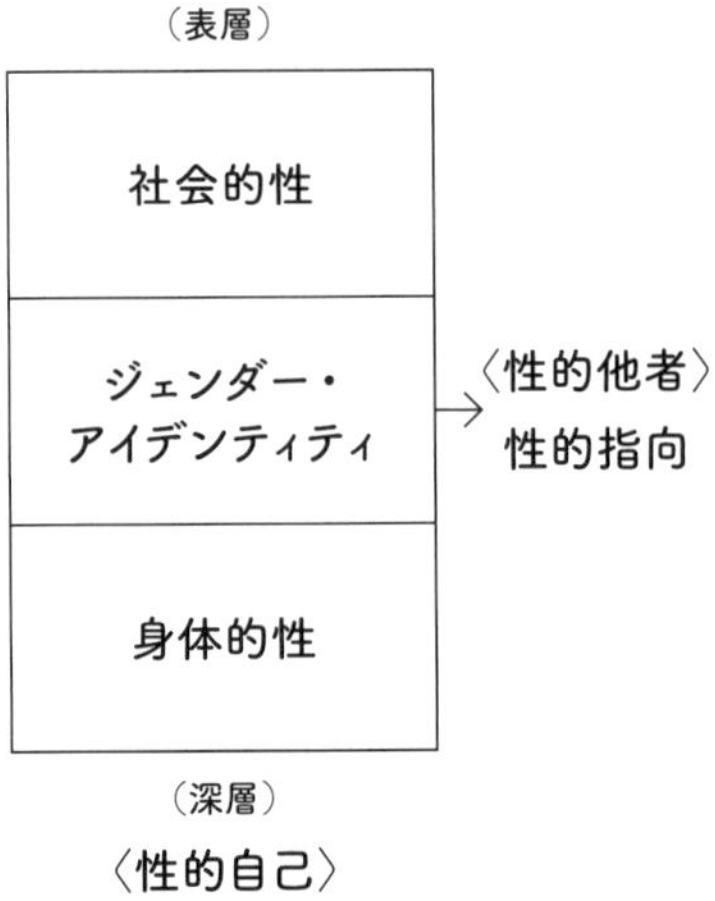

こうした考え方を視覚イメージ化したのが、図5－2の「性」の多層構造図です。このモデルを使うことによって、人間の多様な「性」の有り様をわかりやすく表現し、個々の「性」の有り様の違い、たとえば、一般に混同されることが多い同性愛とトランスジェンダーの違いなどを、明確に示すことができます。

セクシュアリティを正確に表現するためには、この図を矢印が向き合うように鏡映しに2つ並べなければなりませんが、かなりややこしくなるので、ここでは省略します。

このような「性の多層構造図」を、私は1995年に考え、1998年に発表しました。

「わかりやすい」「中学生にもわかる」という好評をいただくいっぽうで、「複雑な人の性を単純化しすぎる」「人間の性はそんな単純ではない！」という批判もありました。でも、複雑なものをわかりやすく単純化するから意味があるのであって、複雑なものを複雑に表現するのは、少なくとも教育的には意味はありません。

さらに、もっとわかりやすく、「小学生でもわかるように」という要望に応じたのが、「三段重ねのアイスクリーム」のたとえです。それでは、これらの図を使って「性の多層構造」を解説していきましょう。

多数派（Heterosexual）の男性／女性は、「性的自己」を形成する3つの要素（層）が一致していて、性的指向のベクトルが異性に向かっているので、図5－3①のようにイメージ化できます。しかし、実際には、そうした「性」の有り様を当然と考えているため、「性的自己」が層をなしていることに気づかず、図5－3②のような「性」が強固で一体的なものという錯覚を持ってしまいがちです。このように、みずからの「性」の有り様に最も鈍感なのは、多数派の男性／女性なのです。

三段重ねのアイスクリームにたとえるならば、バニラアイスの三段重ねを女性に食べて欲しいのが多数派（異性愛）の男性です。チョコレートアイスの三段重ねを男性に食べて欲しいのが多数派（異性愛）女性です。

【図5-3】多数派の男性・女性

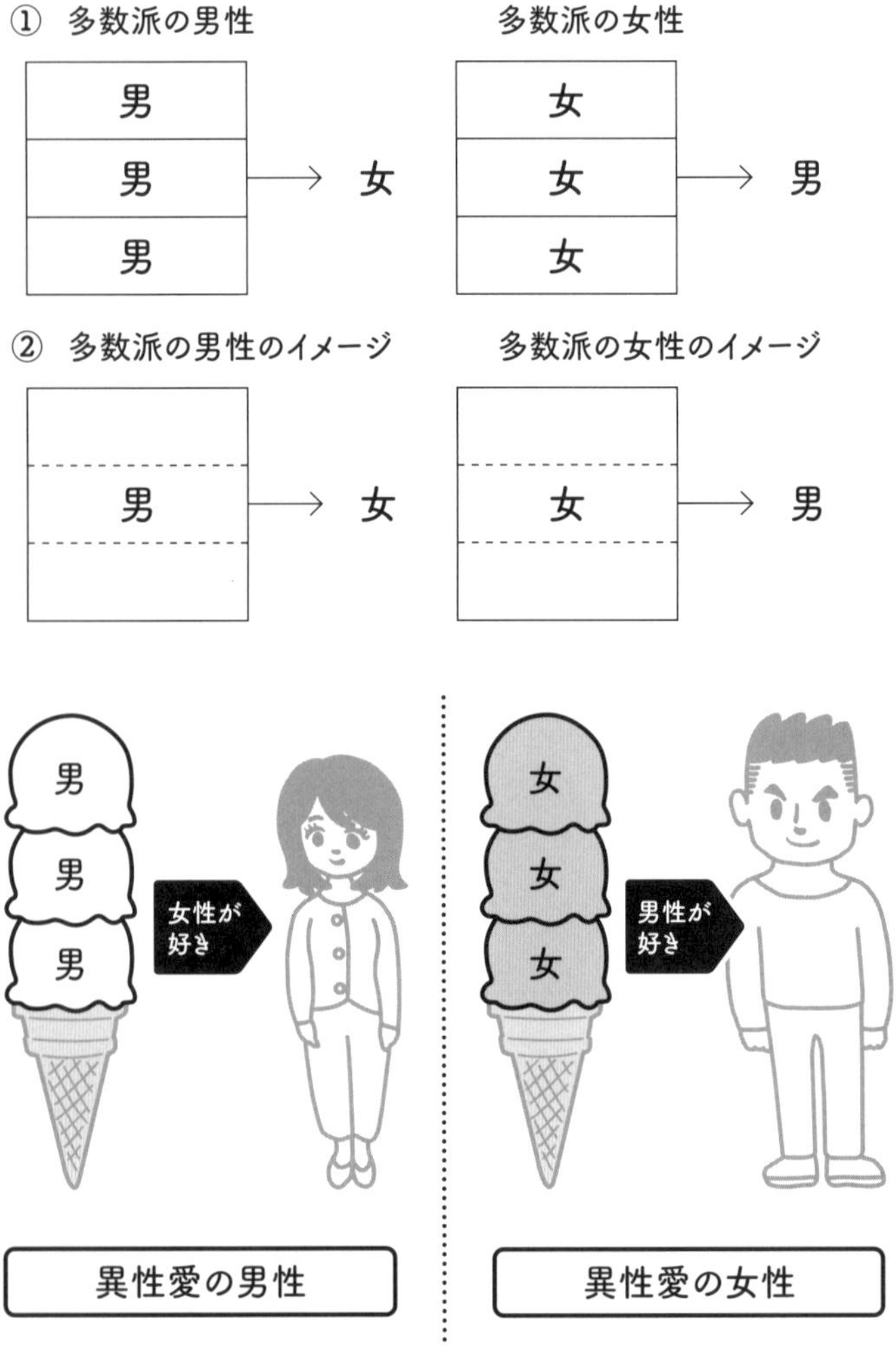

ただ、チョコレートアイスの上にチョコレートアイスを２つ重ねても、色も同じだし、味の変化にも気づきません。しかも、買ってから時間が経って溶け始めているので（生後かなり年数が経っているので）、ますます境目がわからなくなっている状態と言えるでしょう。

同性愛（Homosexual）には、男性同性愛（ゲイ Gay）と女性同性愛（レズビアン Lesbian）があります。同性愛者の場合は、図５－４のようにイメージ化できます。同性愛者も「性的自己」を形成する３つの要素（層）は一致しています。この点では多数派の男性／女性と同様で、だからこそ、「性的自己」の層構造には鈍感なことが多いのです。ただ、性的指向のベクトルが同性に向かっている点が多数派の男性／女性と異なっている点です。多数派との相違点である性的指向にみずからの「性」の有り様の特質を求め、その点へのこだわりがとても強い傾向があります。

アイスクリームにたとえるならば、バニラアイスの三段重ねを男性に食べて欲しいのがゲイ、チョコレートアイスの三段重ねを女性に食べて欲しいのがレズビアンということになります。（色や味は同じだけど）誰に食べて欲しいかが、多数派と異なります。

こう解説すると、「ゲイは女っぽいんじゃないですか。バニラアイスの三段重ねじゃなくて、チョコレートが混じってるんじゃないですか」「レズビアンは男っぽいイメージがあります。チョコレートアイスの三段重ねじゃなくてチョコとバニラがマーブルになっていませんか」と

【図5-4】同性愛の男性・女性

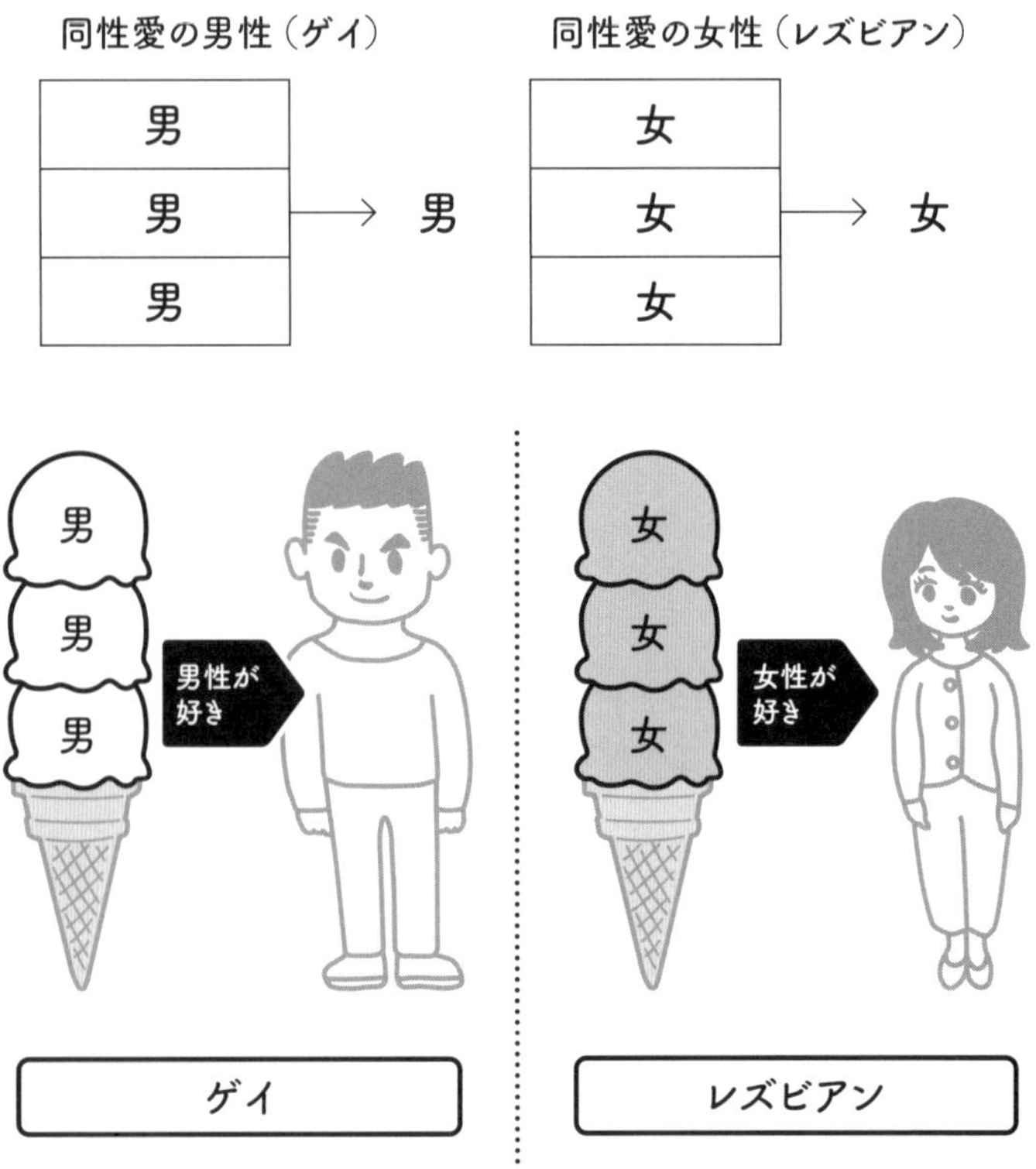

いう疑問を持つ人がいると思います。

はっきり言えば、そうしたイメージは、メディアによって歪められたもので、誤解です。ゲイの価値観は男性性（マッチョmacho）であり、たとえば、短髪、髭、日焼けした筋肉質の身体がゲイ雑誌の表紙モデルによく見られるひとつの理想型で、そこに女性的な要素はありません（図5－5）。レズビアンの価値観は女性性（フェミニンfeminine）で、ボーイッシュな人もいますが、フェミニンな人のほうが多いように思います。つまり、多くのゲイは取り立てて女っぽくないし、レズビアンは男っぽくありません。女っぽいゲイ（おねえ）や男っぽいレズビアン、あるいはパフォーマンスとして女装するゲイや、男装するレズビアンもいますが、それはゲイ、レズビアンそれぞれの中で少数派です。

【図5-5】ゲイ男性のイメージ（『Badi（バディ）』2015年2月号、テラ出版）

　バイセクシュアルも図5－6のように「性的自己」を形成する3つの要素（層）は一致しています。この点では多数派の男性／女性や同性愛者と同様です。ただ、性的指向のベクトルが男女両性（男・女）に向かっている点が異なります。

【図5-6】バイセクシュアルの男性・女性

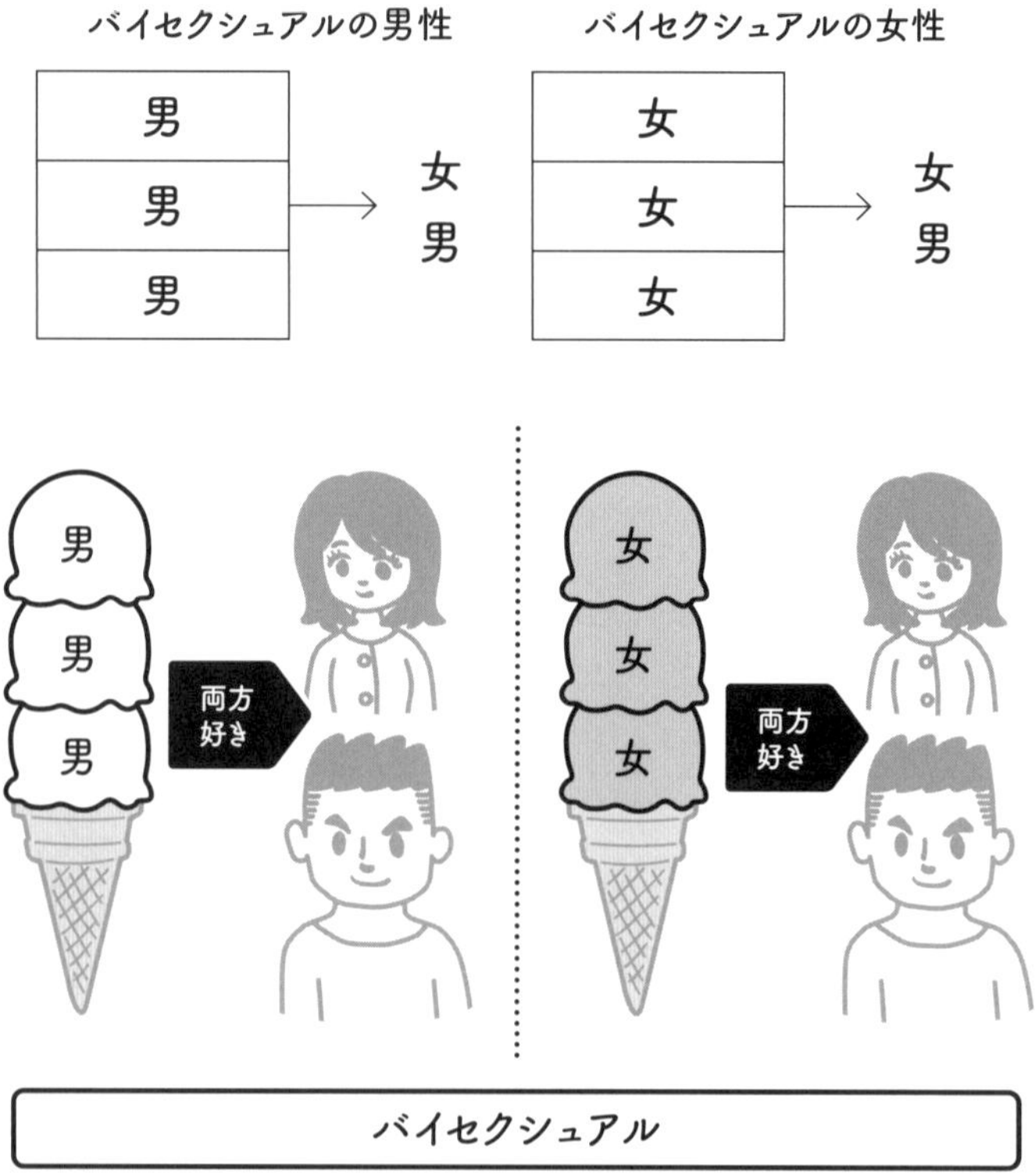

アイスクリームのたとえで言えば、男性・女性どちらに食べてもらってもOKということです。

トランスジェンダー（Transgender）とは、生まれた時に割り当てられた性別（Sex）とは別の性別（Gender）を生きる人たちのことで、男性から女性に移行するTrans-womanと、女性から男性に移行するTrans-manとがあります。以前は、前者をMtF＝Male to Female、後者をFtM＝Female to Maleと言っていましたが、それはもう古い言い方になりました。

ちなみに、Trans-womanとTrans-manの比率は、欧米諸国ではおよそ2対1くらいでTrans-womanが多いとされていますが、日本はまったく逆で、1対2くらいでTrans-manのほうが多いのです。2000年代後半からTrans-manが急増して、若年層（10代後半～20代）では1対3くらい、世界的に見てかなり特異な比率になっています。こうした現象は先天的要因だけでなく、社会的要因がかなり作用していることを示唆しています。それが何であるかは、私なりに考えていますが、まだ十分な論証には至っていません。

皆さんの多くが「Trans-womanのほうが多いと思っていた」原因は、日本のマスメディアの取り上げ方による影響です。歴史的にも現在も、Trans-womanが取り上げられることが圧倒的に多く、Trans-manは少ないという状況が続いています。

ジェンダー移行の方向性の違いに性的指向のパターンが掛かるので、Trans-woman、Trans-

【図5-7】トランスジェンダー

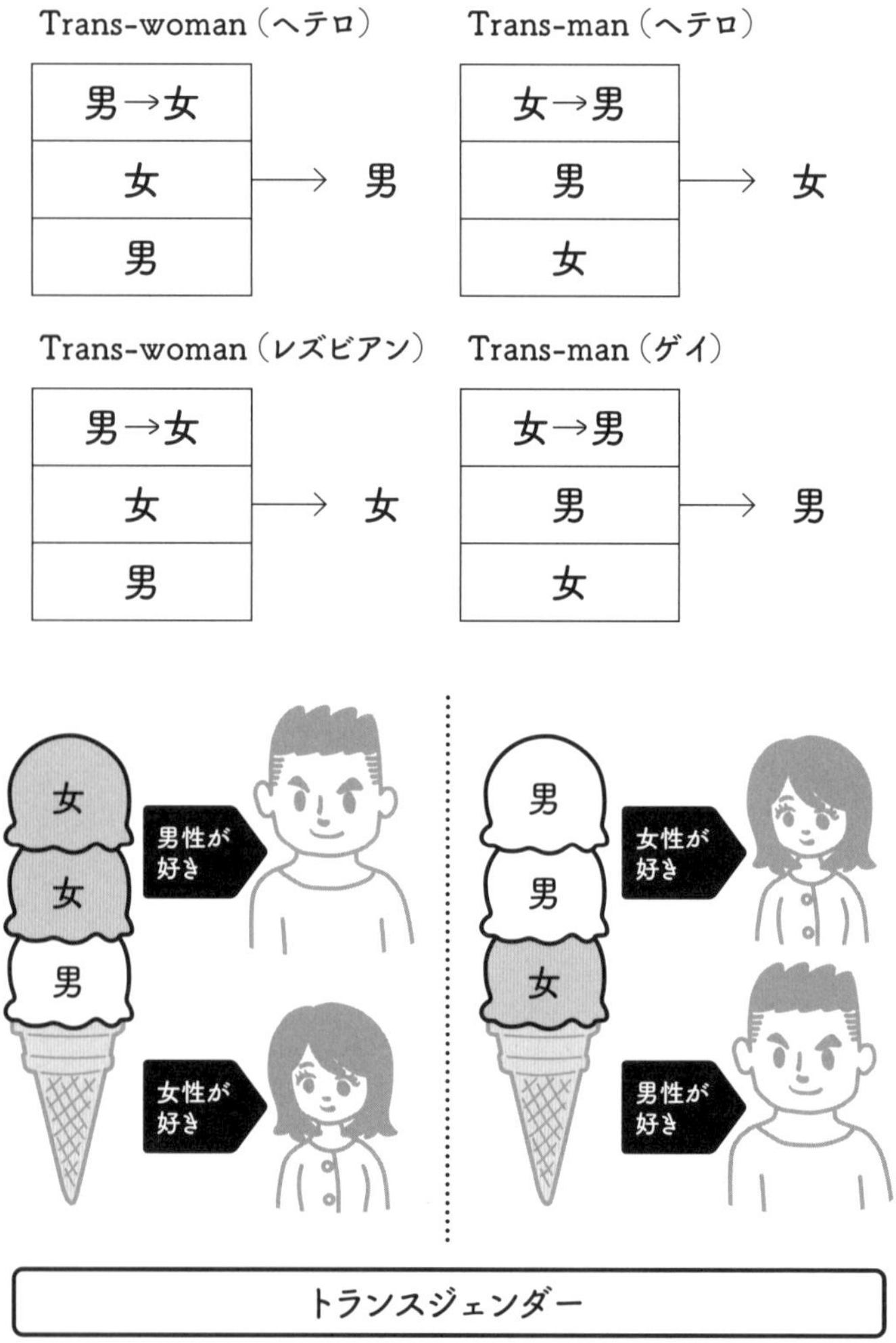

manそれぞれ2パターン、計4パターンになり、図5－7のようにイメージ化できます。

Trans-woman（ヘテロ）は、身体構造は男性、でも私は女だと思う。社会的には男性であることを求められるけど、それがつらく、苦しい。だから社会的性（ジェンダー）を女性に移行する。身体も女性に近づけていきたい。そして、私は女として男性が好き（だから、心理的にヘテロセクシュアル）ということになります。

Trans-man（ヘテロ）は、身体構造は女性、でも俺は男だと思う。社会的には女性であることを求められるけど、それがつらく、苦しい。スカートなんてはいてられるか！　だから社会的性（ジェンダー）を男性に移行する。身体も男性に近づけていきたい。そして、俺は男として女性が好き（だから、心理的にヘテロセクシュアル）ということになります。

ここまでは、皆さんも理解しやすいでしょう。しかし、トランスジェンダーは、それだけではありません。

Trans-woman（レズビアン）は、身体構造は男性、でも私は女だと思う。社会的には男性であることを求められるけど、それがつらく、苦しい。だから社会的性（ジェンダー）を女性に移行する。身体も女性に近づけていきたい。でも、私は女として女性が好き（だから、心理的にレズビアン）ということになります。

同じように、Trans-man（ゲイ）は、身体構造は女性、でも俺は男だと思う。社会的には女性であることを求められるけど、それがつらく、苦しい。スカートなんてはいてられるか！　だから社会的性（ジェンダー）を男性に移行する。身体も男性に近づけていきたい。でも、俺は男として男性が好き（だから、心理的にゲイ）ということになります。

最初に言いましたように、性同一性と性的指向は性別の移行に際しても必ずしも連動しません。これを連動させてしまうから、わからなくなるのです。

ところでTrans-manのヘテロタイプ（女好き）と、ゲイタイプ（男好き）の比率は、95～97対5～3くらいで、圧倒的に「女好き」が多いです。この比率は、トランスジェンダーではない人（シスジェンダーと言います）の性的指向の比率とほぼ同じです。換言すれば、シスジェンダーかトランスジェンダーかにかかわらず、性的指向の比率が投影されることで理論的に説明がつきます。

ところがTrans-womanでは、ヘテロタイプ（男好き）とレズビアンタイプ（女好き）の比率は、だいたい70～60対30～40で、「男好き」のほうが多いものの、「女好き」もかなりいます。この比率は、Trans-manのように、シスジェンダーかトランスジェンダーかに関わりなく、性的指向の比率が投影されるという理論では説明できません。投影理論の10倍くらいレズビアンタイプが多いわけで、とうてい誤差の範囲とは言えません。ということは、何か違う要素が絡んでいることになりますが、それが何であるかはまだ、有力な仮説がありません。

まとめますと、トランスジェンダーの場合「性的自己」を形成する3つの要素（層）が一致していません。つまり「性」の各層間の整合性が無い点が、多数派や同性愛者と最も異なる特徴です。各層間にずれ（不一致）があるため、トランスジェンダーは「性」が一体構造ではなく多層構造であることに気づきやすいと言えます。

つまり、私の場合、自分の性的自己の中にずれ（不一致）があることを自覚していたので、多層構造図を思いついたということです（あと、私は高校生まで地学少年だったので、地層断面図とか、「不整合」とかが、頭にあったのだと思います）。

三段重ねのアイスクリームにたとえると、Trans-woman ならバニラアイスの上にチョコレートアイスを乗せて、さらにバニラアイスが重なっている状態から始まり、途中で上のバニラをチョコレートに替えてもらう。Trans-man ならチョコレートアイスの上にバニラアイスを乗せて、さらにチョコレートアイスが重なっている状態から始まり、途中で上のチョコレートをバニラに替えてもらう。そして、誰に食べて欲しいかは、Trans-woman なら男性に食べて欲しいが60〜70％、女性には30〜40％、Trans-man なら女性に食べて欲しいが95〜97％、男性には3〜5％ということです（イラストは、社会的性別を移行したあとの状況を描いています）。

私が考案した「性の多層構造論」はここまでです。これでもわからないというあなたは、かなり固定観念にとらわれているのかもしれません。

「性同一性障害がなくなった」

さて、今回は少し余裕があるので、「性同一性障害がなくなった」という話をします。

自己の性別に対する心理的な違和感を性別違和感（Gender Dysphoria＝GD）と言います。性別違和感は、ジェンダー・アイデンティティ（性同一性）と身体的性の間、および、ジェンダー・アイデンティティと社会的性の間の2か所で生じます。

私の「性の多層構造図」は、3段重ねなので境目が2つあることがひと目でわかります。図5－7のトランスジェンダーの図では、各層の間の境界は直線で描いてありますが、イメージ的にはのこぎりの歯のようにギザギザ、トゲトゲした感じなのです。違和感ですし、さらには苦痛なわけです。人によってジェンダー・アイデンティティと身体的性の間の違和感（身体違和）が強い人、ジェンダー・アイデンティティと社会的性の間の違和感（社会的違和）が強い人、そして両方とも強い人、いろいろいます。

強い性別違和感を抱く人は、それをやわらげるため、ずれ（不一致）を少しでも直そう（整合性を回復しよう）として、社会的性や身体的性を移行しようとします。換言すれば、性別移行の原動力が性別違和感なのです。その際、かつては、まず社会的性をジェンダー・アイデンティティに合致させるよう社会的性の移行に努めるのが一般的で、ある程度のレベルまで社会的性の移行が進んでから、身体的性の移行にとりかかる人が圧倒的でした。

ところが近年では（２０００年代以降）、社会的性の移行より先に医学の力によって身体的性の移行を優先する人が増えています。男性から女性への移行でその傾向が顕著で、その結果、身体的にはかなり女性化を進めながら女性的な外貌や社会性（性他認）を獲得できず、社会的には男性のまま生活している人も現れています。性別移行の目的が、ＱＯＬ（Quality of Life 生活の質）の向上だとすると、かなり本末転倒だと思います。

死語に近い「性同一性障害」という言葉を使い続ける日本

性同一性障害（Gender Identity Disorder＝ＧＩＤ）とは、自己の性別に対する違和感があること、性別を移行したいと考えることを病理化した疾病概念です。そもそも、疾病概念ですから「性同一性障害は病気ではないと思います」という意見は論理矛盾です。「性別移行を望むことは病気ではないと思います」なら矛盾しません（私はその立場）。日本での性同一性障害の診断は、専門的な知識があり、臨床経験が豊富な精神科医が、定められた（国際的な）診断基準や（国内の）ガイドラインに則して診断してきました。人によって異なりますが、確定診断には（1カ月に1度、通院して）だいたい4～6回くらいのカウンセリングが必要です。いっぽう、「座れば10分で診断書」が出てくるクリニックもあり、いろいろなトラブルの元になっています。

世界保健機関（WHO）の「疾病及び関連保健問題の国際統計分類」第10版（ICD－10）では、Gender Identity Disorder は、精神疾患の項目のひとつ（F64）の名称であり、その中に病名として Transsexualism（性転換症）と Dual role transvestism（両性役割服装倒錯症）が規定されていました。

「疾病及び関連保健問題の国際統計分類」（ICD）についてですが、国連の専門機関であるWHOが、世界中で発生している疾病（病気）を統計・分類する際に、各国が独自の病名をつくったり、勝手な診断基準でカウントしてきたら困る（信頼度のある統計にならない）わけで、統一した病名と診断基準のリストをつくり、それに則って報告するようにという、世界共通の疾病マニュアルです。

Gender Identity Disorder は、世界的に進行していた性別移行の脱病理化の流れの中で、2010年代半ばの段階で世界的にはほとんど死語（過去の用語）になっていましたが、日本だけがいまだに使い続けています。私はその現象を「流行病《はやりやまい》から風土病へ」とたとえました。「風土病」とはある地域特有の病気のことです。「性同一性障害」の名称がいまだに通用するのは世界で日本だけで、まさに「ガラパゴス化」です。

「病気の境界線」は変わっていくもの

２０１９年5月のＷＨＯ総会で新しい「国際統計分類」（ＩＣＤ－11）が採択され、その結果、「Gender Identity Disorder」の項目はなくなり、新設された「conditions related to sexual health（性の健康に関連する状態）」の章に「gender incongruence（性別不合）」が置かれました。ＩＣＤ－11は２０２２年1月1日に発効され、これによって、性別に違和感があること、性別の移行を望むことは、Disorder（疾患）からConditions（状態）になったのです。

こうして、同性愛の脱病理化（１９９３年のＩＣＤ－10の施行で実現）に遅れること29年にして、世界のトランスジェンダーの多くが待ち望んでいた、性別移行の脱精神疾患化（「私たちは精神疾患ではない！」）がようやく実現したのです。第3講で、非典型な性の有り様について、犯罪化→病理化→脱病理化→多様化という流れを紹介しました。今回のＩＣＤの改訂も、非典型な性の脱病理化という大きなパラダイム・シフト（規範の転換）の一環なのです。今後は、さらに脱病理化の方向に進むでしょう。

ただし、脱病理化（Depathologization）は脱医療化（Demedicalization）ではありません。

（性別移行）医療を受けたい人々の権利は当然のことながら保障されなければなりません。「性の健康に関連する状態」の章に「性別不合」が残されたのは、医療を望む人たちのアクセスポイントが必要だからです。言い方を換えるならば、医療福祉モデルから人権（医療を受ける権利を含む）モデルへの転換と言えるでしょう。

余談ですが、今回のＩＣＤの大改訂では、「Gender Identity Disorder」のように項目や病名として消え、病気ではなくなったものがあるいっぽうで、新たに病気（disorder＝疾患）扱いになったものもあります。たとえば「Gaming disorder（直訳：ゲーム障害、日本語訳：ゲーム依存症）」です。このように、何が病気で、何が病気でないかの「病気の境界線」はその時々で変わり、絶対的なものではありません。

２０１８年度までの講義や講演で使うパワーポイントの表現は「性同一性障害がなくなる」でした。それを２０１９年5月28日、明治大学文学部の講義の際、受講生さんたちが見ている前で、「性同一性障害がなくなった」に書き換えました。講義の直前の5月25日のＷＨＯ総会で「性同一性障害」概念の消滅が正式に決定されたからです。２００３年以来、長い間「性同一性障害」概念を批判し続けてきた私にとって、涙が出るくらいうれしい瞬間でした。

図５－８は、２０１４年2月にタイのバンコクで開催された「ＷＰＡＴＨ２０１４」に、インド、ネパール、タイ、マレーシア、シンガポール、インドネシア、フィリピン、ニュージー

【図5-8】アジア・パシフィックのトランスジェンダーたち（WPATH2014・バンコク）

ランド、トンガ、香港、中国、日本のトランスジェンダーが集ったときの記念写真です。

ちなみに「WPATH」とは、World Professional Association for Transgender Health の略称で「トランスジェンダーの健康のための世界専門家協会」のことです。そこで、アジア・パシフィックのトランスジェンダーたちは、一日も早い性別移行の脱病理化を強く主張しました。それから5年……「ついにこの日が来た！ おめでとう！ 世界のトランスジェンダーの仲間たち」ということです。

それでは、今回はここまで。質問ありますか？

――質問：LGBT当事者にはどう接すればいいのでしょう？

答え：普通に接してください。「性」の問題は、その人の数多い属性のうちのひとつに過ぎません。そのひとつが自分と異なっているからといって、普通に接することができないことはないと思うのです。ただ、その違う部分にあまり突っ込まない程度のマナーは必要でしょう。肌の色の違う人に「なんで肌の色が違うの？」と言わないのと同じです。なかなか難しいことですが、要はあまり過剰に意識しないことです。

質問：同性愛や性別違和の原因に遺伝子は関与しているのでしょうか？

答え：最先端の質問ですね。どちらも先天的な要素がかなり強いということは、遺伝子、もしくは性ホルモンが関与している可能性が大です。しかし、ジェンダー・アイデンティティや性的指向の決定遺伝子を探す研究は世界中で行われているのですが、いまだに原因遺伝子は特定されていません。おそらく遺伝子レベルに起因するものではないと私は思います。なぜなら、同性愛者や強い性別違和を持つ人は子孫を残す率が低いので、もし原因遺伝子があったとしても、数世代のうちにたちまち淘汰されてしまうからです。実際、親から子に遺伝したと思われるケースはほとんどありません。ところが、遺伝子的に同一の一卵性双生児の場合、双方が同性愛者であったり、性別違和を持つケースが報告されています。それらを考慮して、母胎内のホルモン環境が胎児の脳になんらかの影響を及ぼすのではないか？　という仮説が考えられますが、証明はされていません。原因論は、関心が高いのですが、とても難しいものがあります。私は、原因はともかく、現実に同性愛者や強い性別違和を持つ人がいることを重視すべきだと思っています。

質問：なぜ、日本では「性同一性障害」が使われ続けるのでしょう？

答え：日本ではマスメディアの「医学信仰」「医師崇拝」が根強いからだと思います。わかりやすく言えば医学者の言うことを真に受けすぎるということです。ですから、医者が「性同一性障害ではなく性別不合です」と言えば、またコロッと変わると思います。それと、医師の多くは医療の専門家であっても社会を知りません。そうした傾向は、今回の「コロナ騒動」でもしばしば見られました。まして世界の人権動向などに関心も知識もありません（忙しくて国際学会などに行かないし）。日本で「性同一性障害」を主導した医師たちもそうでした。そうした医師たちは皆さん「善意」なのですが、「地獄への道は善意で舗装されている（The road to hell is paved with good intentions)」という言葉もあるくらいで……。

質問：ジェンダー・アイデンティティと身体的性の間の違和感と、ジェンダー・アイデンティティと社会的性の間の違和感の違いがよくわかりませんでした。解説をお願いします。

答え：前者は、自分の身体に対する違和感です（身体的違和）。「なぜ、自分は女の子だと思うのにペニスがついているのだろう？　こんなもの切り取ってしまいたい」「自分は、男の子のはずなのに、生理が来てしまった。あり得ない！」というような感覚です。後者は、社会の中で、ジェンダー・アイデンティティと異なる性で扱われることへの違和感です（社会的違和）。「私は女性のはずなのに、なんで『お兄さん』って呼ばれるの？」「俺は男のはずなのに、なんで制服がスカートなんだよ」という感覚です。

質問：思春期以前の性同一性障害の確定診断が困難なのは、その時点でなんらかの違和感があっても自然と解消されてしまうことがある、ということでしょうか？

答え：そうです。思春期以前（小学校時代）にかなり強い性別違和を感じながら、思春期以後に徐々に緩和するケースは、とりわけ女子ではしばしばあります。大学の講義のリアクション・ペーパーで、そうした体験を語ってくれる受講生が毎年のようにいます。もし、そういう人を思春期以前に「性同一性障害」と診断して、「治療」のコースに乗せてしまったら、それは誤診・過剰医療になってしまうということです。

質問：日本で女性から男性に移行するTrans-manが多い理由として何が考えられますか？

答え：難しいです。Trans-manが多いのは日本だけでなく東アジアに共通する現象という説があります（これはまだデータ不足ですが）。それを踏まえると、①儒教文化圏における女性の生きづらさ、②同性婚が実現していないため、女性と結婚したい女性の一部が男性化を選択（レズビアンからの流入）、③00年代における「性同一性障害ブーム」の影響、などが考えられます。

第6講

「性」の多様性論

第4・5講で、人間の性は複合的なもので、「性」の多様性は必然であることをお話ししました。第6講は、その「性」の多様性の具体的なお話をします。

レインボーフラッグが意味するもの

まずは、「LGBT」という概念から説明していきましょう。レインボーフラッグ（虹旗）は「LGBT」のプライドの象徴です。「LGBT」の人たちはこの旗のもとに集い、みずからの権利（人権）を主張する運動を続けてきました。近年、日本でもようやくこの旗を見る機会が増えてきたのは、うれしい限りです（図6―1）。ちなみに、日本の虹は7色（赤・橙・黄・緑・青・藍・紫）ですが、レインボーフラッグは6色（赤・橙・黄・緑・青・紫）です。

なぜ6色なのか。そもそもレインボーフラッグは、1978年にアメリカ・サンフランシスコのアーティスト、ギルバート・ベイカーという人がデザインしたものですが、最初は8色（ピンク、赤、橙、黄、緑、ターコイズ、青、紫）でした。ところが、フラッグが広まっていく過程で、ピンクやターコイズの生地が調達できないという事態が起こり、結局、6色に落ち着いたようです。レインボーフラッグが、当事者運動の「現場」から生まれたものであることをよく物語っている話です。6色の意味は赤（生命）、橙（癒し）、黄（太陽）、緑（自然）、青

（調和）、紫（精神）ということになっていますが、私を含め多くの当事者は覚えていません。「いろいろな色（＝属性の人）がひとつに集まって」といった意味だと思っています。

L／G／B／Tとは何か

「LGBT」は、2010年代半ばくらいからよく聞くようになった新しい言葉です。簡単に言えば、性的に非典型な4つのおもなカテゴリーの英語の頭文字を合成したものです。

Lはレズビアン（Lesbian：女性同性愛者）、Gはゲイ（Gay：男性同性愛者）、Bはバイセクシュアル（Bisexual：両性愛者）、Tはトランスジェンダー（Transgender：性別越境者）を表します。

【図6-1】代々木の森にひるがえるレインボーフラッグ

本来、性的少数者の政治的連帯を示す概念で、「LGBT」というカテゴリーがあるわけではありません。L、G、B、Tそれぞれのコミュニティがあり、歴史的にも現在でも別々に行動しています。それが、共通の政治的課題、たとえば「性的マイノリティの人権の擁護」や「同性婚の法制化の早期実現」のような目的のために手を取り合って協力する、連帯するときに「ＬＧＢＴ」の形をとります。

逆に言えば、「女なんて劣った存在だ。ましてレズビアンなんて最低だ」と思っている男性優位主義のゲイや、「Trans-woman なんて、どこまでいっても女じゃない！」と主張する身体本質主義のレズビアンは、連帯する気がないわけですから「ＬＧＢＴ」ではありません。ただの男根主義のＧであり、トランスフォビア（トランスジェンダー嫌悪）なＬです。

つまり、「ＬＧＢＴ」を「性的少数者」の単なる置き換え語として使用するのはまったくの誤りで、そうした使い方をする人たちは、言葉の本来の意味がわかっていないのです。また、ひとりの人間にＬＧＢは兼ねられず、「レズビアンでありゲイでもある」ことはあり得ません。ただ、Ｌ／Ｇ／ＢとＴは兼ねられます。157ページでお話ししたように「Trans-man でゲイ」「Trans-woman でレズビアン」の形はあり得ます。

ですから、日本のマスメディアがよく使う「ＬＧＢＴ男性」「ＬＧＢＴ女性」といった言い方は、言葉が内部で矛盾していて、明らかな誤用です。あるいは一部の活動家がするような「私はＬＧＢＴです」という自己紹介も外国では通用しません。

こうしたことを踏まえて、私は本来の意味からすれば「Ｌ／Ｇ／Ｂ／Ｔ」と書くべきと主張してきました。

すると、ある新聞記者がこう言いました。「三橋先生がおっしゃることはよくわかります。ただ、新聞は文字数の制約がとてもきついのです。先生の／（スラッシュ）を入れる表現だと3文字余計にかかります。4回使えば12文字分で、うちの新聞は1行12文字ですから、それだけで1行余計にかかり、その分、情報量が減ってしまうのです」

私は「まあ、そうした新聞の事情、わからないわけではありません。しかし、本来の意味を忘れてしまうのは困りものですよ」と言ったのですが……。

「LGBT」という言葉はいつ頃から使われるようになったのか

日本は、明治時代以降、たくさんの欧米の言葉（概念）を受け入れてきました。そうした外来語は、漢字（熟語）に置き換えたり、カタカナで表記したりして、いつしか日本語の一部になっていきました。ただ、受け入れの際に、本来の意味から微妙に変化してしまった概念も少なくありません。「LGBT」という言葉（概念）は、外来語の受け入れの際に、少し意味がずれてしまった現代における典型例だと思います。

「LGBT」という言葉がだいぶ流通し始めた2016年、『朝日新聞』の校閲部の方から「LGBTの言葉の歴史を教えてください」という問い合わせがありました。校閲部とは、新聞社や出版社で言葉の使い方や記事内容が正しいかをチェックする部署です。私は「どこかに文献があると思いますよ」と無責任な返事をしましたが、その方は「かなり調べましたが、少なくとも日本語のものはないのです」と言います。「じゃあ、ちょっと調べてみますね」とその場は返事をして、調べてみたら本当にありませんでした。海外のLGBT事情に詳しい、長年の友人でもある大阪公立大学教授の東優子さんにも同じ質問がいったようで、結局、2人で連絡を取り合って調べることになりました。

その結果、「LGBT」という言葉は、もともと、欧米のGay & Lesbian「活動家」の用語であること、権利運動が先行していたL&Gが、後発のバイセクシュアル（B）とトランスジェンダー（T）を掬《すく》い上げる言葉として使われるようになったことがわかりました。

こうした語源を調べるときに必ず参照する『Oxford English Dictionary（OED）』によると、1992年のゲイニュースダイジェストに"National LGBT Studies Conference"とあるのが「LGBT」の初出であることがわかりました。ところが、同時期に「GLBT」という言葉もあり、その初出は1993年です。つまり、1990年代前半には「LGBT」の並びが固定していなかったことがわかります。東教授が欧米の活動家から聞き取ったところを要約すると、「1980年代でも使っていたように思うがよく覚えてない、1990年代には間違いなく使っていた。そう言われると、順番は決まっていなかった。なぜLGBTの順番になったかはジェンダー平等を目指す流れの中で、Lを先にもってくるようになった」ということで、OEDと、おおよそ同じ結果でした。つまりは「活動家用語」ということです。

活動家の間で使われていた「LGBT」が、公的な文書で使われた最初は、2006年の「レズビアン、ゲイ、バイセクシュアル、トランスジェンダーの人権についてのモントリオール宣言（Declaration of Montreal on Lesbian, Gay, Bisexual and Transgender Human Rights）」と思われます。４つのカテゴリーを羅列するとたしかに長いです。その省略語として、以後、国際連合を中心とした人権運動の用語として広まっていきます。

日本の新聞に「LGBT」の言葉が登場した早い例としては、『朝日新聞』2004年1月23日付朝刊の国際面「地球24時」の「ことば・ワールド」で、「同性愛者・両性愛者・性転換者」といった注記がされています。しかしこれは、通信社配信（AFP→時事通信→朝日新聞）の記事で、『朝日新聞』のオリジナルではありません。

私が「LGBT」という言葉を最初に知ったのは、2003年12月に台湾で開催された国際シンポジウム「跨性別（トランスジェンダー）新世紀」に参加したときでした。「へ〜ぇ、そういう言い方をするんだ」といった感じでした。自分で最初に使ったのは、2005年にタイのバンコクで開催された「第1回アジア・クィア・スタディーズ学会」の報告記を書いたときだったと思います。

日本で書籍名に「ＬＧＢＴ」を使った最も早い例は、２００７年出版の藤井ひろみ・桂木祥子・はたちさこ・筒井真樹子編著『医療・看護スタッフのためのＬＧＢＴＩサポートブック』（メディカ出版）です。これは、例外的に早く、編著者の筒井さんが英文翻訳者で、アメリカの事情に通じていたことによるものか？　と思われます。

ここで注目すべきは「ＬＧＢＴ」ではなく、「ＬＧＢＴＩ」になっていることです。世界的にはインターセックス（性分化疾患）を示す「Ｉ」が入っているほうが一般的で、２００７年の段階ではそれがすんなり輸入されていたことがわかります。そこから「Ｉ」が落ちて「ＬＧＢＴ」になった事情は１３９ページで触れました。簡潔に言いますと、一部の「Ｉ」当事者たちから強い要望があったためです。前にも述べたように「ＬＧＢＴ」は政治的連帯を示す概念ですから、「そういう人たちとは一緒にやりたくない！」といったホモフォビア（Homophobia同性愛嫌悪）、トランスフォビア（Transphobiaトランスジェンダー嫌悪）の人たちを一緒にする必要はありません。

一般メディアで「ＬＧＢＴ」が使用されるようになったのは２０１２〜２０１３年頃からで、２０１５年以降、日本社会に広まり大きなブームになっていきます。そのきっかけは、２０１２年夏、『週刊ダイヤモンド』が7月14日号で、「国内市場５・７兆円「ＬＧＢＴ市場」を攻略せよ！」という特集を組み、同日発売の『週刊東洋経済』が「知られざる巨大市場　日本の

LGBT」という特集を組んだことでした（図6－2）。ライバル関係にある二大経済週刊誌が、同日発売号で同様の特集を組む、そんな偶然がはたしてあるでしょうか？　私は、当初から「仕掛け人がいる」と考えていました。ここで留意しておかなければならないのは、日本のマスメディアで「LGBT」に最初に注目したのが経済誌だったことです。つまり経済的な視点、新たな経済市場（儲けるネタ）としての注目でした。

人権的視点ではなく、経済的視点から始まったことは、その後の日本の「LGBT」ブームに影を落とすことになります。なお、自治体で最初の使用例は、2013年9月、大阪市淀川区役所の「LGBT支援宣言」でした。

【図6-2】（左）『週刊東洋経済』は右下、（右）『週刊ダイヤモンド』は右上。いずれも第2特集扱い

「LGBT」という言葉が持つ問題点

「LGBT」という言葉にはいくつか問題があります。ひとつ目は、性的指向（Sexual Orientation）の問題であるLGBと、ジェンダー表現（Gender Expression）

の問題であるTとが一緒に並んでいて、両者の違いが曖昧になり、混乱することです。

たしかにLGBとTの間には、前者はセクシュアリティ、後者はジェンダーという本質的な違いがありますが、そもそも「LGBT」は、性的少数者の権利運動から生まれた言葉であって（そういう意味では便宜的）、そこにあまり本質的な差異を強調するのは運動の連帯を損なうことになると思います。実際、欧米のLGB活動家の中には「Drop the T」（Tを排除せよ！）という動きもあるくらいで、「LGBT」の中の少数派である（LGBに比べて1桁少ない）Tにとっては、なかなか難しい状況があります。

2つ目は、LGBT以外のセクシュアリティの存在が見えなくなるという指摘です。欧米ではLGBTよりもLGBTI（IはIntersex）のほうが一般的だとすでに述べましたが、LGBT以外のセクシュアリティの存在に配慮すると、LGBTIQ（QはGender Queer）、さらにLGBTIQQA（2つめのQはQuestioning、AはAsexual）というように、羅列的にどんどん長くなります。これは、各カテゴリーの頭文字を並べた略語という当初の性格から仕方がない面があるのですが、実際に長すぎて不便です。どんどん呪文のようになり、略語としての利便性が失われてしまいます。

そこで「LGBTs」（sは複数形）とか「LGBT+」という表現が考案されました。私は「LGBT+」を使いますが、それでもLGBT以外が見えにくい点では同じだ、といった批判があります。

3つ目は、先に指摘した誤用による問題で、「LGBT男性」「LGBT女性」という表現が多用されることによって、ゲイの人が「ゲイ（男性同性愛者）」、レズビアンの人が「レズビアン（女性同性愛者）」と言いにくくなる現象が生じています。

メディアは「直接的な表現を避けた婉曲《えんきょく》な言い換え」のようなことを言っていますが、「ゲイ」「レズビアン」「トランスジェンダー」はそれぞれの当事者がプライドを持ってみずから選んだ言葉であり、そこに差別性はなく、メディアが使用を回避する（言い換える）必要はまったくありません。メディアの過剰な言い換えによって、当事者がプライドを持って名乗っている言葉が使いにくくなるとしたら、それは本末転倒でしょう。

新しく生まれた言葉「SOGI」「SOGIE」

「LGBT」という言葉は知っていても「SOGI（ソジ）」もしくは「SOGIE（ソジィ）」という言葉を知っている人は少ないと思います。そのくらいまだ認知度が低い言葉です。

「SOGI」はSexual Orientation & Gender Identity（性的指向および性同一性）の略語です。「SOGIE」はSexual Orientation,Gender Identity & Gender Expression（性的指向、性同

一性、性別表現）の略語です。

これらの言葉が生まれた経緯は、「ＬＧＢＴ……」が各カテゴリーの名称の頭文字を並べることでどんどん長くなってしまう状況を、Sexual Orientation と Gender Identity といった本質的な部分に焦点を当てることで回避する発案でした。

ただ、ここにも問題があります。性的指向、性同一性、性別表現は、非典型な人に限らず、典型的な人にもあるわけで、特定的でないことです。つまり、「ＳＯＧＩの人々」と言った場合、それぞれのマイノリティだけでなくマジョリティの人までも含んでしまいます。「ＳＯＧＩの人々」という形で特定することができず、「ＬＧＢＴ」の代替語にはならないのです。では「ＳＯＧＩマイノリティ」にしたらどうだろう？　との意見もありますが、それでは「性的マイノリティ」とあまり変わらないと私は思います。

現在では、「ＬＧＢＴ」は主体・人を意識して使い、「ＳＯＧＩ」は属性・特徴を意識して使うようになっています。たとえば「人種、国籍などと同様にＳＯＧＩに基づく差別をしてはならない」といったように。

言葉の説明が長くなりました。私が言葉にこだわるのは、言葉は概念に裏打ちされているからです。逆に言葉がないと概念化ができないし、概念を象徴するのが言葉です。そこはおろそかにすべきではないと思うからです。同時に、人は言葉によって自己を規定し、言葉が自己という存在を肯定していくベースになります（差別もまた言葉によってなされるわけですが）。

たとえば、疾病概念である「性同一性障害」で自己規定する人は「自分は病気である、精神疾患である。だから医療によって救済されるべき存在なのだ」といった自己肯定になります。非疾病概念である「トランスジェンダー」で自己規定する人は「自分は病気ではなく、自分で性別を選択・決定した。だからこれでいいのだ」といった自己肯定になります。どの言葉（概念）を使うかによって、両者の意識の差はかなり大きいものになるのです。

「LGBTは13人に1人」というのは本当か？

「LGBTは13人に1人」というキャッチ・コピーを聞いたことがある人、いらっしゃると思います。これは「電通ダイバーシティ・ラボ」が2015年に公表した「LGBT調査」の結果、7・6％の逆数です（100÷7・6＝13・2）。

私はこの数字をニュースで聞いたとき「多すぎる！」と思いました。それは私だけでなく、長年、性的マイノリティとして生きてきた多くの人たち共通の感想でした。

なぜ、こうした現実感覚と離れた数値が出てきたのでしょうか？

「電通ダイバーシティ・ラボ」はこの3年前の2012年にも同じような調査をしています。

それと比較してみると、わずか3年の間にGは0・6→1・8％で3倍、Lは0・2→1・0％でなんと5倍になっています。「電通」は「同性愛に対する社会的理解が広まった結果」と説明していますが、いくらなんでも増えすぎです。「理解が広まった」というのならTはどうでしょうか。4・1→0・7％で3年間で6分の1になっていて、激減です。この3年間にトランスジェンダー大虐殺が起こって6分の5のTがいなくなってしまったのでしょうか？ もちろん、現実にはそんなことは起こっていません。

さらに、2012年の調査にはなく2015年の調査で現れる「その他」とは何でしょう？ しかもそこに3・8％という全体（7・6％）の半数に当たる大きな数字が入っています。この頃から目立つようになった「Xジェンダー」（215ページで説明）でしょうか？

このように2012年の調査と比較すると、変動幅が大きすぎて、実態的にあり得ない結果であることがわかります。

こうした量的な社会調査では、その調査方法（対象、カテゴリー設定など）が妥当であるか検証されるべきなのですが、「電通ダイバーシティ・ラボ」は詳細な調査方法を公開しておらず、検証不能です。つまり、結果的にも方法的にも問題があり、学術的には使えない、一種の「プロパガンダ」（広報・広告）として理解すべき数字だと思います。

ここで留意すべきは「電通ダイバーシティ・ラボ」は学術調査機関ではなく、「電通」という巨大な（日本最大手、世界6位）広告代理店の調査機関だということです。広告代理店の仕事はプロパガンダですから、数値が学術的な正確性より、プロパガンダ的性格を帯びるのは当然のことなのです。

実は、「電通」の２０１５年調査の翌年、２０１６年に業界2位の広告代理店「博報堂」が8％という数字を出しています。数値をプロパガンダと考えた場合、「電通」の２０１５年の調査より下の数値ではインパクトはありません。「博報堂」としてはライバル社を上回る数値を打ち出す必要があったのだと思います。

その時、私は予言しました。「つぎの電通の調査は、必ず博報堂の上をいく」と。２０１８年の「電通」の調査結果は、「博報堂」の数値を上回る８・９％でした。予言的中です。こうしたプロパガンダの繰り返しの結果、日本は世界一「ＬＧＢＴ」の比率が高い国になりました（まったくのフェイクですが）。

むしろ、そうしたプロパガンダの数字を真に受けるマスメディアや、企業研修会で開口一番「私たちＬＧＢＴは13人に1人もいます！」と叫ぶ時流便乗のＬＧＢＴ系ＮＰＯに問題がある（不見識）と思います。

ところで、二大経済週刊誌の同日発売号に同様の特集を組ませた「仕掛け人」は誰か？という設問の種明かしをしておきましょう。

皆さん、もうお気づきでしょう。そんな影響力を持っているのは巨大広告代理店「電通」しかありません。２０１２年の「電通ダイバーシティ・ラボ」の調査は、「仕掛け」のリソース（資源）だったのです。

２０１２年の日本におけるＬＧＢＴブームの端緒を仕掛けたのは「電通」という説、証拠はない推測ですが状況的にまず間違いないでしょう。この話を「電通」の関係者に振ったことがありますが、ニヤリと笑っただけで何も答えてくれませんでしたが。

こういう批判を、私があちこちで繰り返してきた結果？　さすがに「電通」の数字の信憑性に疑問を抱くメディアも増えてきました。現在ではＮＨＫも『朝日新聞』も「13人に１人」とはあまり言わなくなりました。「蟷螂《とうろう》之《の》斧《おの》」（弱者が自分の力をわきまえず、強者に立ち向かうこと）なりに少しは効果があったのでしょう。

そもそもの話、性的少数者の数的把握はかなり困難です。まず、どこまで含めるべきか？といった問題。Ｉ（Intersex）は？　Ｑ（Queer）やＱ（Questioning）は？　Ａ（Asexual）は入れるの？　などです。それによってかなり数値は違ってくるはずです。つぎに、何をもってＬ、Ｇ、Ｂ、Ｔとするかのカテゴリー設定の問題があります。たとえば、Ｇなら「男性を好きになったことがある男性」と定義するか、「男性と実際に性行為をしたことがある男性」と定義するかで、かなり数値は違ってきます。Ｌも同様で「女性を好きになったことがある女性」なのか、「女性と性行為をしたことがある女性」なのかで数字は大きく（たぶん倍以上）違ってくるでしょう。Ｔも「性別を移行したいと思っている人」と定義するか、「実際に性別を移行して生活している人」と定義するかで大きな違いがあります。

というような説明をすると、多くのマスメディア関係者は、それなりに納得します。「なるほど、よくわかりました。三橋先生のおっしゃる通りだと思います。ところで、先生はＬＧＢＴの比率はどのくらいだとお考えですか？」（ぜんぜんわかってないじゃないか！）

どうしても「数字」を欲しがるのは、メディアの悪癖です。仕方なく、内心の怒りを抑えて「きちんとした調査に基づいた数値ではなく、長年、この世界を観察してきた私の印象です」と断った上で、男性はＧが２％、Ｂが０・５％、女性はＬが１％、Ｂが２・５％。全人口比ではそれぞれ半分になりますから、Ｌ０・５％、Ｇ１％、Ｂ１・５％、Ｔは０・２％。ＬＧＢＴ合計で３・２％。ＡやＱＱその他を含めれば５％前後。つまり、「３〜５％で大過なしでしょう」と答えます。

さらに言えば、３％でも５％でも８％でも、マイノリティであることには変わりありません。10％になったらマイノリティでなくなるわけでもありません。

また、３％だから人権を無視してもいい、８％なら人権を認めるべきだという話でもありません。３％だろうが８％だろうが、ＬＧＢＴ＋の人権は認められるべきであり、それに基づいて「ＳＯＧＩ平等」を達成する施策がなされるべきなのです。数値に本質はありません。

日本最大のＬＧＢＴパレード「東京レインボープライド・パレード」

ここまでがＬＧＢＴ総論です。ちょっと気分を変えて、楽しいパレードの話をしましょう。

東京では２０１２年から「東京レインボープライド（ＴＲＰ）」というイベントが、毎年ＧＷの前後に開催されています。フェスティバルとパレードの２本立てで、フェスタは代々木公園のイベント広場に多数のブースが立ち並び、２０２３年の入場者はなんと24万人でした。パレードは、代々木公園の南口を出発して、渋谷「公園通り」を下り、明治通りに入り、神宮前交差点で表参道に入り、原宿駅の南側を通過して神宮橋でＪＲの線路を渡り、代々木公園に戻る約３㎞のコースです。プラカードを掲げて政治的な主張をする人、思い思いの扮装で友人や仲間と楽しく歩く人、参加の形態は硬軟さまざまですが、一緒にパレードすることが、まさに「連帯」なのです。２０２３年は39グループ、１万人以上が参加する、日本最大、アジア第２のＬＧＢＴパレードに成長しました。ちなみに、アジア最大は台北の「台灣同志遊行」です。

私は２０１６年から毎年、教材用の写真を撮影しています。日本にもＬＧＢＴのパレードがあることを、受講生さんたちに知ってもらいたいという思いからです。

実は、ＴＲＰの共同代表から「レジェンド（ＬＧＢＴ運動の功労者）として先頭集団で歩いてください」というお誘いをいただいたことがあります。ありがたいことですが、お断りしました。私は一介の研究者・教育者としてパレードの観察者でありたいからです。沿道で撮影していると、パレードの隊列の中から「あっ、三橋先生だ！」「明大（明治大学）の講義、受講しました」「都留文（都留文科大学）の学生です」と声がかかります。それがいちばんうれしいです。

ということで、図６－３を見てください。

①はパレードの先頭です。「ＬＧＢＴの連帯」という建前からして、Ｌ、Ｇ、Ｂ、Ｔを並べたいところですが、Ｂがなかなかいないのが現状です。たいてい、Ｌ、Ｇ、Trans-man、Trans-woman という並びになります。

②は「故郷を帰れる街にしたい」。若い頃は大都会で過ごしても、いろいろな事情で故郷に帰らなければならない人もいます。その時、故郷がＬＧＢＴを受け入れる街でないと困ります。このスローガンに応じるように、最近では地方都市でのパレードが急増しています。

③は、カラーでお見せできないのが残念ですが、ひときわ人目をひく赤い雨傘の行進です。レッド・アンブレラは、世界的にセックスワーカーの人権運動の象徴です。２０１８年から、セックスワーカーとその支援者も参加するようになりました。こうして連帯の輪が広がってい

【図6-3】「東京レインボープライド」のパレード。①2016年、②2017年、③2018年

きます。

パレードには、趣旨に賛同する性的マジョリティももちろん参加できます。その場合「アライ（ally）」という枠になります。allyとは「同盟者」「盟友」「味方」の意味です。とくに近年のパレードでは、「アライ」の参加が増えています。

パレードにアライが増加傾向にあるいっぽうで、同性愛者やトランスジェンダーを拒絶する人たちもいます。その理由を私なりに考えると、基本的には「未知なるものへの恐怖」だと思います。見たことがない、自分の周囲にいない（と思っている）「怪物《モンスター》」を怖がっているのではないでしょうか。だからこそ、性的マイノリティのビジビリティ（visibility 目《ま》の当たりにすること）を示すパレードが大切なのです。私の経験でも、私を目の前にして「お前なんか認めない」と言えた人はいません。私たちは現にここにいるのです。

同性パートナーシップ制度の現状

ここから後半、L／G／B／Tそれぞれが抱える課題を解説していきましょう。

まず、同性愛者（L／G）にとっての最大のテーマは同性婚の実現・法制化です。その前段階になるのが、自治体で進められている同性パートナーシップ制度です。

同性パートナーシップ（civil union）とは、同性カップルに、異性カップルと同等の法的保障（財産の共有、相続、租税措置、看取りの権利・介護の義務など）を認める制度のことです。1989年にデンマークで始まり、多くの先進国で法整備が進んでいます。日本では、2015年11月に、東京都渋谷区と世田谷区がパートナーシップ証明書を発行したのが最初です。2023年6月現在、都府県単位で実施している茨城県、大阪府、群馬県、佐賀県、三重県、青森県、秋田県、福岡県、栃木県、東京都、富山県、静岡県を含む全国328の自治体で実施されています。20ある政令指定都市のうち18で実施され、実施していないのは仙台市と神戸市の2つだけになりました。現在は県庁所在都市や地方中核都市にも広がっています。香川県や神奈川県のように県単位では導入していないものの県内のすべての市町村が導入し、実施率100%というところも出てきました。

2022年10月には、最大の自治体である東京都が導入し、2023年6月時点で、実施対象人口は日本の総人口の70%を超えました。今後さらに実施する自治体を増やし、国が重い腰を上げざるを得ない状況にする戦術です。

ただ、同性パートナーシップ制度の最大の問題点は、現状では法的な効力がほとんどないことです。これは同性パートナーシップが目指す、異性カップルと同等の法的保障が、日本の法制度ではほとんど国の法律、おもに民法に規定されているためです。ここをなんとかしないと、パートナーシップ制度に「実」が入りません。

2023年5月末時点で同性パートナーシップの証明を自治体から受けたのは5171組です（「虹色ダイバーシティ」調べ）。これは実施人口約1万7000人に1組の割合になり、同性愛者が100人に2~3人いることを考えると、制度の利用者がかなり少ないのが現状です。その原因は、証明書をもらうほど、安定的なパートナーシップを築いている同性愛者が限られることもありますが、根本的には法的な効力がほとんどない、実際の役にあまり立たない証明書をわざわざ取得する必要がないことが大きいと思われます。この点で国レベルでの法制化が強く望まれます。

「同性婚」実現に向けての動き

同性婚（same-sex marriage）とは、男女の婚姻とまったく同様に男男、女女の婚姻を法的に認める制度です。２０００年12月、オランダの「同性結婚法」が最初で、以後、徐々に広まり、２０１５年6月にはアメリカ連邦最高裁が、同性婚を認めないのは違法との決定を下しました。この決定は世界に大きな影響を与え、アジアでも台湾や日本で、同性婚の実現を目指す運動が高まっていきます。

日本の場合、日本国憲法第24条第1項の「婚姻は、両性の合意のみに基いて成立し、夫婦が同等の権利を有することを基本として、相互の協力により、維持されなければならない」という条文との兼ね合いが問題になります。

自民党政府（安倍・菅《すが》・岸田内閣）の公式見解は、「日本国憲法は（その制定時に）同性婚を想定していない」というもので、この点については、ほとんど異論はありません。見解が分かれるのはその後です。

①想定していないから同性婚は認められないという説（安倍・菅・岸田内閣の基本姿勢）
②禁止していないから民法の改正だけで実現できるとする説（立憲民主党などの姿勢）
③②は実質的な「解釈改憲」であり、その乱用は成文法である憲法をなし崩しにするとして最終的に憲法改正を求める説

などがあります。

私は24条第1項の「両性」を男男、女女に、また「夫婦」を夫夫、婦婦に読み替えるのは、国語として無理があると思います。最終的には憲法の字句の修正が必要になるでしょう。とはいえ「法の下の平等（婚姻平等）」の実現はなにより優先すべきだと思います。つまり、③に留意しつつ、②の民法改正に賛成する考えです。

2019年2月14日、8都道府県13組の同性カップルが「婚姻平等」を求めて一斉提訴を行い、追加の分も含め全国5つの地方裁判所（札幌、東京、名古屋、大阪、福岡）で審理されました。その判決が2023年6月に出揃い、札幌、名古屋地裁では「違憲」、東京、福岡地裁でも「違憲状態」の判断が出ました（大阪地裁のみ「合憲」の判断）。これを受けて、一部のメディアは「同性婚を認めないのは違憲」という見出しで大きく報じ、それに煽られ、当事者の中には「4勝1敗だ！」と浮かれる人もいました。

しかし、これはかなりミスリードだと思います。なぜなら、訴訟のメインである同性婚を受

け付けない民法などの規定の問題性については、5地裁すべて「合憲」と判断しているからです。この点では「4勝1敗」どころか「5戦全敗」なのです。その理由として、憲法24条1項の「婚姻」は異性婚のみを指し、同性婚は含まれないとしています。

この論理を崩さない限り、異性婚と同等の形で同性婚を認める「婚姻平等」は達成できないわけですが、客観的に見て、よほど大きな社会情勢の変化がない限り、今後の上級審（高裁・最高裁）でも、この基本的な論理は変わらないと思います。

5つの地裁判決を通覧すると、濃淡はあるものの、日本の司法の基本的な考えが見えてきます。それは、同性婚を憲法24条1項の「婚姻」に含めないという判断を前提に、現状の同性カップルの不利益を解消するために、同性カップルを公証し、保護するための（「婚姻」の代替的な）法制度を設ける、というものです。その代替法制度として、戸籍には触れない形の国レベルでの「登録パートナーシップ制度」を想定していると思われます。

フランスは、1999年に「PACS（民事連帯契約）」を実施して同性カップルを公認し、2013年に同性婚の法制化を実現しました。ワンステップで一気に同性婚を実現するのが困難なら、司法が示す「婚姻に準じる法制度」をとりあえず実現し、その実績の上に完全な婚姻平等を達成するツーステップ方式も考慮する時期に来ていると、私は考えます。「準じるでは嫌だ！」「それでは不平等の解消にならない」という当事者の気持ちもわかりますが、とりあ

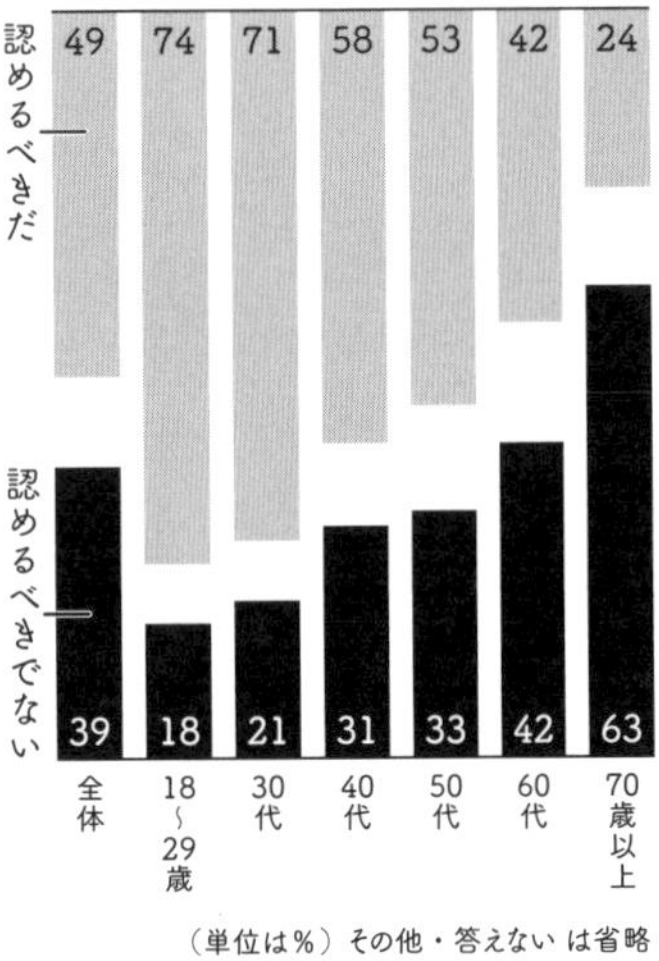

【図6-4】同性婚法制化の賛否・2017年（『朝日新聞』2017年5月2日朝刊による）

えず「実」を取ることも大事だと思うのです。

　では、同性婚に対する民意はどうでしょうか。『朝日新聞』が２０１７年に行った世論調査によると、全体では49対39で「同性婚を法律で認めるべき」の意見が多数ですが、年代によってくっきり賛否が分かれています（図６－４）。18～29歳では４分の３が賛成で、反対は２割以下です。そこから年齢が上がるにつれて、賛成が減り反対が増えて60代（私の世代）で拮抗《きっこう》します。さらに70歳以上になると賛成は４分の１以下、反対が６割を超えます。

　同じく『朝日新聞』の２０２１年３月の世論調査によると、全体では65対22で「同性婚を法律で認めるべきだ」がさらに増加し、「認めるべきでない」は減少しています（図６－５）。年代別では、若年層ほど高く18～29歳は86％、30代は80％、60代でも66％が「認めるべきだ」と答えています。70歳以上だけは「認めるべきでない」が41％で、「認めるべきだ」の37％を上回っています。

つまり、現状の世論は、すでに「同性婚を法律で認めるべきだ」が明確に多数派なのです。

しかし、現在の自民党政権は同性婚の法制化にはまったく消極的です。ほとんどやる気はないといっていいでしょう。また、（旧）統一教会などL／G／B／Tの存在・人権を認めない宗教右派勢力の影響下にある議員も少なくありません。そうした政治情況が続く限り、「婚姻平等」達成までの道筋はまだまだ厳しいものがあると思います。

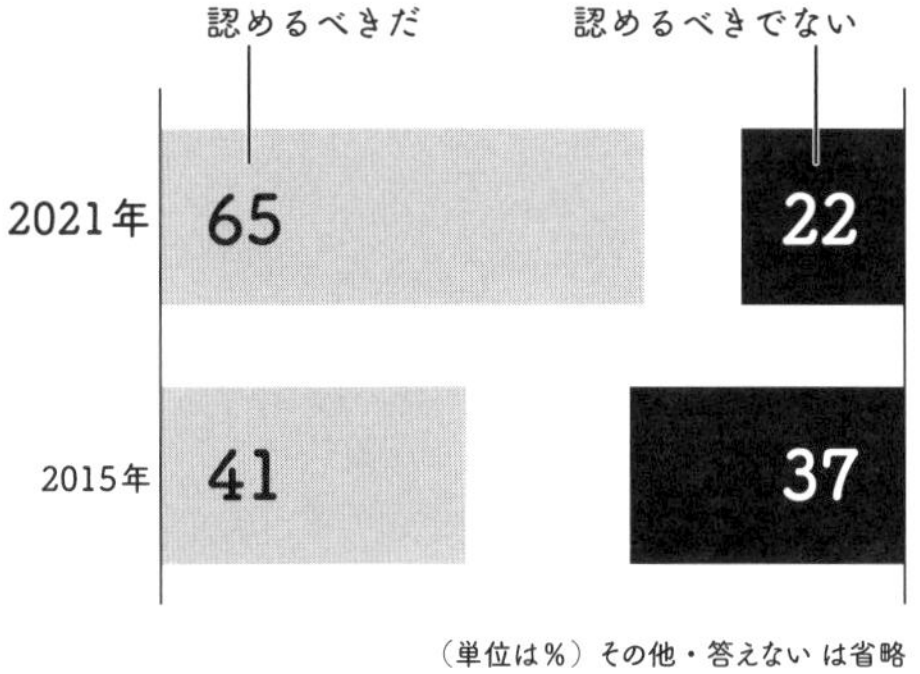

【図6-5】同性婚法制化の賛否・2021年（『朝日新聞』2021年3月22日朝刊による）

なぜ、台湾でできて日本でできないのか？

ここでアジアに目を向けてみましょう。台湾では、２０１７年５月に、「２年以内（２０１９年５月まで）に婚姻平等（同性婚実施）を達成すべし」という司法判断が出されました。その後、紆余曲折はありましたが、２０１９年５月17日、ついに同性婚を認める法案が成立し、台湾はアジア最初の同性婚実施国になりました。

このニュースを伝えた地元メディアは「同婚二讀通過可結婚登記　4萬人含涙相擁：台灣成為亞洲第一」の見出しで、涙を流しながら抱き合って法案成立を喜ぶ人たちの姿を伝えました。

では、なぜ、台湾でできて、日本でできないのでしょうか？　もちろん、政権の姿勢の違いはありますが……。

法案成立直後、私は新宿二丁目「ゲイタウン」にある台湾料理屋で、ゲイのベテラン活動家某氏に尋ねました。

私「なんで、台湾でできたことが、日本ではできないのですか？」

某氏「台湾には長年にわたる地道な運動の積み重ねがあるので……」

私「では、なぜ日本では地道な運動の積み重ねができなかったのですか？」

某氏「……。おねえさん、ビール1本追加ね」

誤魔化されてしまいましたが、2000年代の日本の同性愛者運動が「内向き」で国際的動向に鈍感で、内部の主導権争いに終始して、運動のイシュー（課題）として「同性婚の実現」を明確に掲げられなかったことが、台湾でできて、日本でできない最大の原因だと思います。

日本の同性愛者の運動が、ようやく「同性婚の実現」にターゲットを絞ったのは2015年以降のことなのです。

「LGBT理解増進法」の成立

２０２３年６月16日、すったもんだの末、「性的指向及びジェンダーアイデンティティの多様性に関する国民の理解の増進に関する法律」（以下「理解増進法」）が成立しました（６月23日施行）。

修正を重ねるたびに内容が劣化していった問題が多い法律ですが、とにもかくにも、日本最初のＬＧＢＴ法制です。日本の法律に「全ての国民が、その性的指向又はジェンダーアイデンティティにかかわらず、等しく基本的人権を享有するかけがえのない個人として尊重されるものであるとの理念にのっとり、性的指向及びジェンダーアイデンティティを理由とする不当な差別はあってはならないものであるとの認識の下に、相互に人格と個性を尊重し合いながら共生する社会の実現に資することを旨として行われなければならない」（第３条）と明確に記された意義はそれなりに大きいものがあります。

ただし、マイノリティへの「理解増進」を目的とする法律に、「全ての国民が安心して生活することができることとなるよう、留意する」（第12条）と、マジョリティへの配慮を、ことさら条文として付加した点は、明らかに法理にもとります。

「理解増進法」は、理念法なので、何か具体的なことを決めた法律ではありません。今後、「性的指向及びジェンダーアイデンティティの多様性に関する国民の理解の増進」という法律の目的に沿った「基本計画」が政府（担当は内閣府）によって立案され、さらにそれに基づいて具体的な施策（事業）が行われることになります（この段階で予算が付きます）。

LGBTが「子どもを育てる」現実

同性カップルが子どもを持ち（挙児《きょじ》）、育てることは、図6－6のようにすでに現実です。レズビアン・カップルは精子提供者が必要ですが、カップルのどちらかが妊娠・出産すれば、子どもを持てます。ただし、法的には産んだ女性の子で、カップルのもう1人の女性とは親子関係にならないという問題があります。

ゲイ・カップルが子どもを持とうとすると、卵子提供者と妊娠・出産を代行してくれる「代理母」が必要になります。たとえば、先進国の富裕なゲイ・カップルが、発展途上国の貧しい女性にお金を支払い「代理母」になってもらうことが実際に行われています。しかし、妊娠・出産のリスクを考えると、かなり人道的に問題があると私は考えます。精子提供には身体的リスクはほとんどありませんが、妊娠・出産には、時に死に至る大きな身体的リスクがあります。

【図6-6】レズビアン・カップルの挙児・子育て（提供：長村さと子さん）

それを金銭によって代償すること、とりわけそこに貧富の格差がある場合、倫理的な抵抗感があります。やはり、「代理母」の利用は止めるべきだと思います。

Trans-womanと女性のカップルの場合、Trans-womanに授精能力がある間に精子を凍結保存しておいて、それを使って人工授精すれば挙児は可能です。実際、そうした事例が訴訟になっています。Trans-manと男性のカップルの場合、Trans-manが卵巣と子宮を除去していない場合は、男性ホルモンの投与を中断すれば妊娠・出産は可能になります。実際、2023年、Trans-manとゲイ男性のカップルに赤ちゃんが生まれました。

日本の現在の法制度は、残念ながらこうした事例に対応できていません。子孫を残す権利

（生殖権）はすべての人にあります。生殖権を前提にした法整備が望まれますが、それにはなにより同性婚の法制化が必要です。それは、生まれた子どもの人権・福祉に関わることであり、子どもはどんどん大きくなることを考えれば緊急に対処する必要があります。

ときどき、「親が同性では子どもがいじめられてかわいそう」「同性愛者は子どもを持つべきではない」という意見を目にしますが、それは偏見です。異性のカップルの間に生まれてもネグレクトされる子どももいれば、同性の両親の愛情をたっぷり受けて育つ子どももいます。この子たちの幸せな未来のためにも、そうした偏見のない社会を作らなければならないと強く思います。

よりシビアに現れる貧富の差と老後問題

178ページで、二大経済週刊誌が「LGBT」を経済的なターゲット（新しい需要・市場）にしようとしたのでは？　という話をしました。しかし、日本でそれはあまり成功しませんでした。たしかに富裕なゲイ・カップルは一部にいます。2人とも十分な収入があり、子どもがいないので可処分所得が多く、「市場」としては絶好のターゲットです。しかし、欧米にはそういう人たちはそれなりにいますが、日本では多くありません。

単身かつ非正規雇用で低収入のゲイ／レズビアンは少なくありませんし、レズビアン・カップルの場合、女性の収入の低さ×２になるわけで、経済的に苦しい状況に陥りやすいのです。単身のゲイ／レズビアンの場合、経済問題だけでなく老後問題も深刻です。貧困のうちに孤独に老い、孤独に死んでいく……。そういった最期を迎える方も多いでしょう。

こうした貧富の差の拡大（階層分化）と老後問題は、近年の日本社会全体の問題で、同性愛者固有の問題ではありませんが、同性愛者の場合、より増幅されたシビアな形で表れるようで、今後さらなる留意が必要です。

バイセクシュアルの不在

バイセクシュアルは、欲情、性欲の対象がその時々によって男性にも女性にも向くセクシュアリティの有り様で、そうした人は、女性ではおそらくＬよりかなり多いし、男女合わせた人数は最大勢力のＧと大差ないと思います。にもかかわらず、バイセクシュアルの最大の問題は、それを名乗り、社会で活動する人がとても少ないことです。

２０１０年代に入り、芸能人で「バイセクシュアル」を表明する人が出てきたことで、バイセクシュアルという言葉と存在の認知は進みました。

しかし、日本では「LGBT運動」の場でも「Bの不在」はかなり深刻です。先に述べたように、TRPのパレードで横断幕を持って先頭を歩くBがなかなかいないのが現状です。歴史的にも日本ではBに特化した「運動」は、ほとんどありませんでした（1990年代にバイセクシュアル女性のグループがミニコミ誌を出していたくらい）。その結果、Bにとって何が問題なのか、不分明な状況が続いています。

運動だけでなく、バイセクシュアル研究の遅れも深刻です。長らく、フリッツ・クライン著、河野貴代美訳『バイセクシュアルという生き方』があるのみでしたが、近年の「LGBTブーム」で少し論考が増加しました。しかし、L、G、Tに比べると量的に大きく劣ります。なぜこのような事態になっているのか？　答えは「ゲイの病気（誤りです）とされていたAIDSの原因ウィルス（HIV）をヘテロセクシュアルの人々にまで広めたのは、男・女どちらとも性行為をするバイセクシュアルではないか？」といった〝HIV・バイセクシュアル媒介説〟が、1990〜2000年代、まじめに論じられたことが影響しています。そうした発想の根底には、ヘテロセクシュアル、ゲイ／レズビアン双方からのバイセクシュアルへの偏見、差別的な視線があると思います。

トランスジェンダーとは何か

TはTransgenderの頭文字であり、けっしてGender Identity Disorder（性同一性障害）の頭文字ではありません。ところが、日本のマスメディアはしばしばTを性同一性障害と説明してきました（今でも皆無ではありません）。「Tは性同一性障害」と説明する日本のメディアの愚かさを、私は「立派な大学を出て、難しい試験を通って新聞社に入った記者さんが、英語を習い始めたばかりの中学生でもわかる頭文字がわからないのですか？」とこき下ろしました。

また、Tを「心と体の性が一致しない人」という、よく見かける説明も、性同一性障害の定義に影響された誤りです。あえて言えば、一致していないのは「心と体」ではなく「ジェンダーと体」でしょう。

LGBTの文脈でトランスジェンダーを定義すれば「誕生時に指定された性別（sex assigned at birth）とは違う性別で生活している人」がいちばん適切だと思います。トランスジェンダーの概念は、ジェンダーと身体の不一致を病理（精神疾患）とする考え方に対抗して生まれた非病理概念ですから、そもそも性別を移行する理由は問わないのです。現実には、ジェンダー・アイデンティティと身体、あるいはジェンダー・アイデンティティと社会から求められるジェンダーの不一致に悩んだ末に、その解決法として性別を移行するトランスジェンダーが多いですが、それを定義にするのは間違いです。

Ｔの人数（比率）はＬ、Ｇ、Ｂより一桁少ない０・２％ほどで、「ＬＧＢＴ」の中ではまったくの少数派です。にもかかわらず、社会で活躍している人は少なくありません。基本的な比率の低さを考えたら大健闘です。とくに、Trans-woman は、トランスジェンダー・タレントの草分けであるカルーセル麻紀さん、今や大御所的存在になりつつあるはるな愛さんに加え、映画『片袖の魚』（東海林毅《しょうじつよし》監督、２０２１年）に主演しムンバイ（インド）・クィア映画祭で最優秀主演俳優賞に輝いたモデル・女優のイシヅカユウさんなど、若手もつぎつぎに出てきています。また、大学教員、医師、弁護士、建築家、作家など専門性の高い職種への進出も目立ちます。また、２０２３年の統一地方選挙で世田谷区議会議員として６選を果たした上川あやさんを筆頭に、ＬＧＢＴであることをオープンにしている政治家でいちばん多いのは Trans-woman です。

それに比べて、Trans-man はやや人材不足ですが、元女子フェンシング日本代表でＴＲＰ共同代表理事の杉山文野さんが、２０２１年、ＪＯＣ（日本オリンピック委員会）の理事に就任しました。

欧米諸国に比べて、日本におけるトランスジェンダーの活躍はかなり顕著です。それは日本社会が、長い歴史の中で育んできた性別越境文化の伝統の現在形だと私は考えています。

最大の課題は就労差別

トランスジェンダーにとっての最大の課題は、就労差別です。とくに生活上の（外見的な）性別が戸籍の性別と異なるトランスジェンダーは、就労に際して「門前払い」されることが多いのが現実です。戸籍変更済のトランスジェンダーでも、元の性別がわかってしまうと就労に不利になることがあります。

日本の一般企業のトランスジェンダーに対する認識はかなり遅れていて、いまだに「前例がない」「手続きが面倒だ」といった理由で「門前払い」がしばしばあります。求められる能力以外の理由で排除することが、明らかな差別であることの認識が乏しいのです。そんな状況の中で、やっと新たな動きが出てきました。２０２０年秋、世界的なヘアケア製品ブランド「ＰＡＮＴＥＮＥ」（プロクター・アンド・ギャンブル社）の日本支社が、「ＬＧＢＴＱ就活応援キャンペーン」広告（#PrideHair）を打ち出し、かなりの反響がありました。図６－７は『朝日新聞』２０２０年9月30日朝刊に掲載された全面広告です。

一見すると、短い髪の若い男性とセミロングの若い女性のように見えますが、実はTrans-

【図6-7】「#PrideHair」の広告（『朝日新聞』2020年9月30日朝刊）

man と Trans-woman です。キャッチコピーは「この髪が私です。」広告の上部に、モデルのお二人の言葉があります。

「男と女、どっちで就活したらいいんだろう。一年間、悩んで、誰が見ても女性とわかる長い髪で、就活していました。」（Trans-man の合田さん）

「髪だけは嘘をつけなかった。髪を切ることは、ずっと大切にしてきたプライドまで切ることになるから。」（Trans-woman のサリー楓さん）

このようにトランスジェンダーであることを堂々と表明する人たちを、大企業がバックアップし、その広告が世に出る時代に日本社会もやっと到達したのです。20年以上、トランスジェンダーの就労問題をテーマにしてきた私は、涙が出るくらいうれしかったです。

私が就労問題を重視するのは、就労差別が解消されたなら、日本のトランスジェンダーをとりまく状況は格段に良くなるからです。

トランスジェンダーにとって安全な国

日本はもともと、トランスジェンダーにとって世界でいちばん安全な国です。世界では、アメリカや中南米諸国を中心に、トランスジェンダーであるという理由だけで数多くのトランスジェンダーが殺されています。

Transgender Europe の調査・集計によれば、２００８〜２０２２年の15年間に世界で殺害されたトランスジェンダーは判明している限りで４０３９人、年平均２９１人がHate Crime（憎悪犯罪）の犠牲になっている計算です。しかも２０２１年10月〜２０２２年９月の１年間で３２７人と、いっこうに減る様子はなく、地域的に

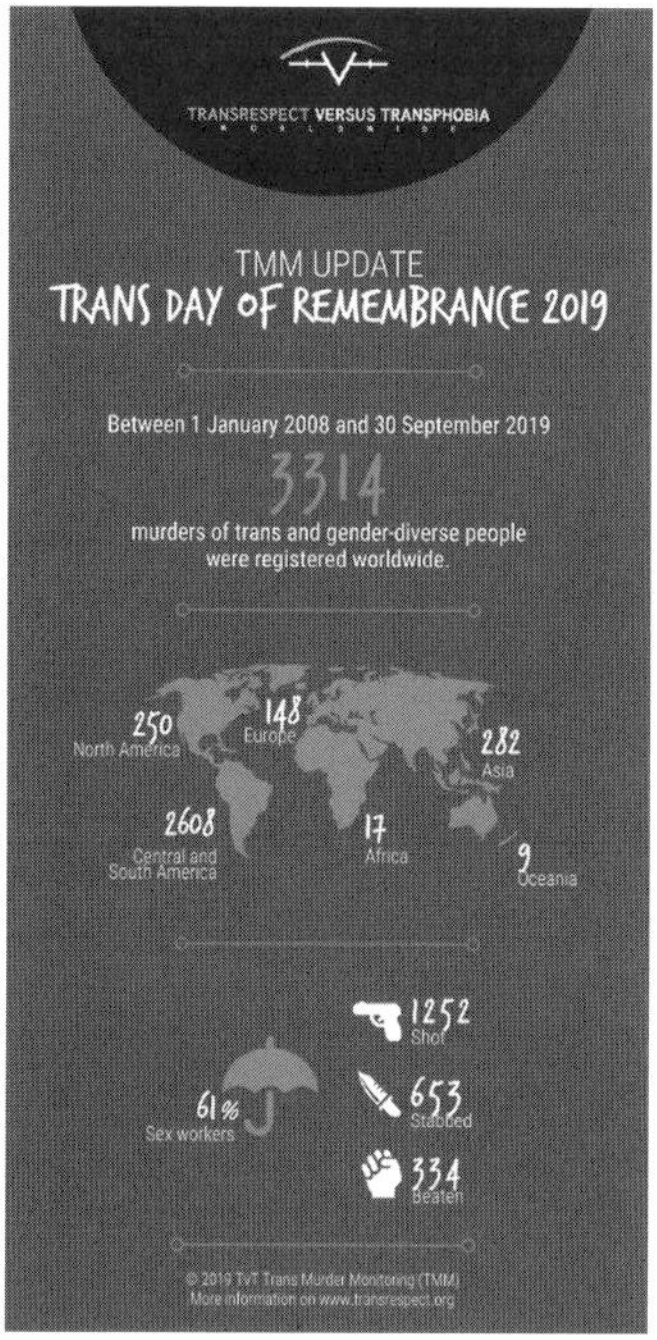

【図6-8】世界中で殺害されたトランスジェンダーの数（Transgender Europeの調査、2019年版）

は中南米が圧倒的に多く、80%近くを占め、北米（カナダは少ないのでほとんどはアメリカ）も7・5%と少なくありません（図6－8は2019年版）。

それに対し、欧米キリスト教圏と比較してTransphobia（トランスジェンダー嫌悪）が希薄な日本では、統計がある2008年以降現在に至るまで、殺害されたトランスジェンダーはTGEUの集計では1人だけです（私の集計では2人）。数字がはっきりと日本の安全度を物語っています。

性別移行と生殖権

生殖権とは、簡潔に言えば、子孫を残す権利で、すべての人に認められた重要な権利（人権）です。2014年5月30日、WHOなど国連諸機関が、法的な性別の変更に手術を要件とすることは、身体の完全性・自己決定の自由・人間の尊厳に反する人権侵害とする共同声明を発表しました。

以来、本人が必ずしも望まない、身体に大きな影響があり、高額の費用がかかる性別適合手術を法的な性別の移行に際して必須条件化することは、トランスジェンダーの人権への侵害であり、トランスジェンダーの身体の自己決定権を尊重すべきという考え方が、人権を重視する諸国の共通認識になります。こうした認識に基づいて、ＥＵ諸国、カナダ、アルゼンチンなどは手術要件を撤廃しました。

日本は２００３年に制定された「性同一性障害者の性別の取扱いの特例に関する法律」（ＧＩＤ特例法）で、「生殖腺がないこと又は生殖腺の機能を永続的に欠く状態にあること」（生殖機能喪失要件）、「その身体について他の性別に係る身体の性器に係る部分に近似する外観を備えていること」（外性器形態近似要件）を、性別変更の要件として定めています。

生殖機能喪失要件＋外性器形態近似要件＝手術要件という図式になりますが、こうした性別移行と生殖権をバーター（取引）する法システムは、国際的な人権規範に反し、ＷＨＯなど国連諸機関の声明に明確に抵触します。

その結果、ＷＨＯだけでなく国連の人権委員会、さらにはトランスジェンダーの健康に関する世界的な専門学会「ＷＰＡＴＨ」（The World Professional Association for Transgender Health）、国際的な人権ＮＧＯ「Human Rights Watch」などから、手術要件を改善せず人権侵害状態を放置する日本政府へ勧告や意見書の送付がなされています。また人権を重視する欧米のマスメディアの日本への視線も厳しいものになっています（２０２３年10月25日、最高裁判所・大法廷で、「ＧＩＤ特例法」の生殖機能喪失要件について「違憲」とする判断がなされ、同要件は即日、効力を失いました）。

2020年9月、総理大臣の諮問《しもん》機関である「日本学術会議」法学委員会「社会と教育におけるLGBTIの権利保障分科会」の意見書「性的マイノリティの権利保障をめざして（Ⅱ）―トランスジェンダーの尊厳を保障するための法整備に向けて―」が提出されました。そこには、手術要件の撤廃、現行の「GID特例法」の廃止・新「性別移行法」の制定が提言されています。

私は、一介の野良講師なので日本学術会議のメンバーではありませんが、2回、参考人として招かれて、意見を述べてきました。残念ながら、私の主張は、ほとんど「意見書」には反映されませんでした。だからというわけではありませんが、私は「意見書」の届け出制による性別変更方式には反対です。興味本位の乱用を防止し、性別移行の実質性を担保する意味で、RLE（Real Life Experience＝望みの性別での実生活）の状況を家庭裁判所が判断するチェックシステムを残すべきだと考えます。

安倍・菅の二代の総理大臣は、まったくの学術軽視で、自民党も「日本学術会議」の解体を目指している状況で、その流れは岸田内閣になっても変わっていません。「意見書」が政策に反映されるには時間がかかるでしょう。ただし、「性同一性障害」概念の消失によって、「性同一性障害者の性別の取扱いの特例に関する法律」の改訂は必至です。その際には、ぜひとも、諸外国に対して恥ずかしくない国際的な人権規範にそった法改正がなされることを望みます。

現在進行形のトランスジェンダー差別

２０１８年頃からＳＮＳ（主にＸ［旧名称 Twitter］）を中心に、トランスジェンダー排除言説が活発化しています。まさに差別の現在進行形です。

きっかけは、２０１８年７月のお茶の水女子大学の Trans-woman 受験生の受け入れ声明でした。そして２０２１～23年の「ＬＧＢＴ理解増進法」案問題以後、さらに活発化・悪質化していきました。

差別言動の担い手はつぎの３者です。①教義上、同性愛者やトランスジェンダーの存在を認めない宗教右派、具体的にはキリスト教福音派や（旧）統一教会、②ジェンダーを否定する身体本質主義のＴＥＲＦ（Trans-Exclusionary Radical Feminist／トランスジェンダーを排除する本質主義フェミニスト）、③反「ＬＧＢＴ人権運動」、反「ポリコレ（ポリティカル・コレクトネス）」、反「反差別」などの「差別を続けたい」人たち。

差別の手法の特徴はつぎの６つです。①女性と Trans-woman を常に対置し、Trans-woman を女性として包摂（inclusion）しない基本姿勢。②ジェンダー・アイデンティティを認めない身体本質主義。③ミスジェンダリング（Trans-woman を男性として扱う）。④現実ではない事象（「セルフＩＤ法」の制定など）を設定して批判する「藁人形論法」。⑤Trans-woman を女性専用スペース（トイレ、公衆浴場、女子校、女子競技、婦人科クリニックなど）への侵入者、性犯罪者予備軍とみなして、社会的排除を主張。⑥女性の人権と安全を脅かす者として（男性ではなく）Trans-woman を想定し、女性の恐怖を煽る。

こうした現象は、性的マイノリティの人権擁護運動の結果、世界的に性的指向及び性同一性の多様性の承認が主流になったことに対する反発（おそらく宗教右派勢力により意図的に仕掛けられている反撃）で、ＬＧＢＴの連帯のいちばん弱い部分、人数が少なく社会的パワーが弱い Trans-woman をターゲットにしたものと考えられます。

憂慮すべきはこうした排除言説が現実の行為になって現れ始めたことです。２０２３年6月3日、Trans-woman の仲岡しゅん弁護士（大阪弁護士会）の事務所に、殺害予告メール15通が届くという事件が起こりました。トランスジェンダーに対するヘイトクライム（憎悪犯罪）、憎悪殺人の予告できわめて危険です（２０２３年10月10日、容疑者逮捕）。

しかし、私たちトランスジェンダーは負けません。先人たちがしてきたように、抑圧や排除に抗して、みずからの尊厳と人権、そして生活を守ります。

「Xジェンダー」とは何か

最後に「Xジェンダー」について触れておきましょう。「Xジェンダー」は一見、英語のように思いますが、実は和製英語です。日本特有の概念で、外国では通用しません。

ノンバイナリージェンダー（non-binary gender 男女どちらとも非典型なジェンダーの形態）に近い概念のように思われますが、実態的には、gender-neutral（中性）、bi-gender（両性）A-gender（無性）、gender-fluid（不定性）、Questioning（未定性）などを含み、内実はきわめて多様と思われます。あまりにわかりにくいので勉強しようと思い、6年ほど前（2017年）に「Xジェンダー」の人たちが主催する講演会に出かけたことがありました。

ところが、つぎつぎに出てくる話者の言うことがそれぞれ違い、なんともとらえどころがありません。中には「それって、普通にトランスジェンダーだと思うよ」という人もいます。共通する主張は「Xジェンダーのことをもっと知って欲しい」といった感じで、ますますわからなくなりました。

そうした体験を通じて考えた仮説は、「Xジェンダーは『こうあらねばならない』という規範性の強い『性同一性障害』概念から、自分は外れていると感じている人たちがつくりだした居場所なのではないか？」というものです。そう考えると、世界で最も「性同一性障害」概念が広くかつ強く流布した日本で、特有の「Xジェンダー」概念が生まれた理由も説明がつきます。

その仮説が正しいとしたら、「性同一性障害」概念が消失した今後、日本独特の概念であるXジェンダーは、どうなっていくのでしょうか？　おそらく国際的に通用するノンバイナリージェンダー（NB）に吸収されていくのではないかと思われます。

最後に大事なことを。L／G／B／Tの人権運動は、なにも新たに特別な人権を獲得しようというわけではなく、長い社会的抑圧の中で失われてしまった人権の回復運動だということです。性的マジョリティが当たり前のように享受していること、たとえば結婚、挙児・子育て、就労などの権利を性的マイノリティも平等に享受すべきだということ、ただそれだけなのです。

それでは、今回はここまで。何か質問ありますか？

質問：クィア（queer）とは、どういった人たちのことを指す言葉なのでしょうか？

答え：もともとqueerは日本語の「変態」に近い言葉です。「変態！」と蔑まれてきた人たちが性的マイノリティの権利運動の中で「変態で何が悪い！」と逆手にとって自己肯定的に使うようになりました。そういう意味では、ゲイも、レズビアンも、バイセクシュアルもトランスジェンダーも、皆、queerであると言えます。ただ、LGBTQと並べたときのQ（queer）は、gender queer、つまり男女どちらのジェンダー表現も拒否して、それに当てはまらないようなジェンダー表現をする人という意味で使われることが多いです。

質問：いろいろな問題を社会に訴えていくためには「LGBT」という連帯した形が必要だと思いますが、その際の問題点を教えてください。

答え：やはりカテゴリー間の相互尊重・協調でしょう。そこに留意しないと、どうしてもマンパワー的に最大勢力であるGの独断専行になり、他のL／B／Tの人たちが「運動」の中に居にくくなります。とくに少数派の中の少数派であるTrans-womanとしては、そのあたりの問題性（「運動」の中にTwの居場所が乏しい）を強く感じています。

質問：なぜ、世界は6月が「プライド月間」なのに、日本は4月末〜5月初めが「プライド週間」なのですか？

答え：「プライド月間（Pride Month）」は、1969年6月28日にアメリカ・ニューヨークの酒場「ストーンウォール・イン（Stonewall Inn）」への警察の取締りに対して、そこに集まっていた同性愛者やトランスジェンダーが反発・抵抗した「ストーンウォールの反乱（Stonewall riots）」を記念するものです。期間中、世界各地でＬＧＢＴ＋の権利や文化、コミュニティへの支持を示すイベントが行われます。「なぜ、日本は6月じゃないのだ？」という質問は、実は海外からかなりあるのですが、答えは単純で「日本の6月は梅雨で雨が多いから」です。それが理念や政治性より集客を重視する日本の「運動」の現実です。まあ、私にすれば、そんな遠い国で起こった「反乱」より、私たちの先輩が起こした抵抗活動？「上野女装男娼警視総監殴打事件」（１９４８年11月22日）のほうを記念すべきだと思いますが（半分冗談、半分本気）。

質問：パートナーシップを解消したら、離婚歴のようなものは残るのでしょうか？

答え：戸籍とはつながっていない制度なので、解消履歴は残りません。パートナー証明書をもらった自治体に返上するだけです。

質問：外国で同性婚をしたカップルが日本に帰化したら、その婚姻関係はどうなるのでしょうか？　やはり日本の法律に従って二人の婚姻関係は破棄されるのでしょうか？

答え：実際に同様の事態が起こっていて、近々、裁判になる予定です。性別移行したアメリカ人のTrans-womanと日本人女性がアメリカで同性結婚し、日本に移住してきたケースで、日本では婚姻関係が認められず、いろいろな不利益があるという訴訟です。また、日本に滞在する外交官（大使・公使）の配偶者が同性であった場合、配偶者としての礼遇をとるべきかどうかという問題も起こっています。この種の問題は、基本的に相互承認の原則に立つべきなのですが、同性婚においては、認めている国と認めていない日本との間でその原則が成立しないのです。

質問：バイセクシュアルの運動は、なぜ盛り上がらないのでしょうか？

答え：言いにくいことですが、端的に言えば「それほど困っていない」からだと思います。社会運動というものは、思想信条や理論で運動をする人もいますが、「困っているから何とかして欲しい」という動機がいちばん切実で、パワーがあると私は思います。日本でL／GよりTの社会運動が先行したのはTがいちばん困っていたからです。「同性婚」の法制化がターゲットになる以前（00年代）のL／Gも実は「それほど困っていない」状態だったわけです。とは言え、Bにはもうちょっと運動の場で頑張って欲しいと思います。

質問：LGBT理解増進法が成立すると、男性が「心は女性」と言って、女湯に入ってくるという話をX（旧名称Twitter）で見ましたが、本当でしょうか？

答え：反対派が意図的に流している誤解（デマ）です。理解増進法の条文には、性別の境界を変更するような記述はありません。日本における法的な性別は、戸籍に記された性別であり、それは法律以前の法理です。まして理解増進法のような理念法で変更できるものではありません。

質問：Trans-womanの人が競技スポーツで、男性としてではなく、女性として出場することについてどう思いますか？

答え：女子競技における公平性の担保は重要と考えます。Trans-womanの女子競技への出場についてはIOC（国際オリンピック委員会）やそれぞれの競技団体が定めた基準（ルール）に従うことが参加の条件になります。ただ、筋肉量は女性ホルモンの継続投与で低下しても、男性ホルモンの環境下で形成された体格・骨格は、女性に比べて優位性が残ります。私はそれを経験的に知っているので、Trans-womanの女子競技への出場はやはりアンフェアだと思います。

第7講

日本初のトランスジェンダーの大学教員として

「自分語り」は苦手

この「これからの時代を生き抜くための」シリーズでは、最終章で著者が「自分語り」をすることになっているそうです。しかし、私は「自分語り」が苦手というか、好きではありません。

理由は2つ。ひとつは、自分の人生、他人にお聞かせするような立派なものではないと思っているからです。今時の若いトランスジェンダーのように、確固とした信念や目標を持って性別を移行したわけではなく、いろいろ悩み、試行錯誤しながら、少しでも精神的に楽になるように、生きていきやすいような選択をした結果として、今があるという感じです。たとえるなら、両側に草木が生い茂り暗く見通しがきかない細い道を、踏み分け道があるのだから、きっと以前に誰かが通ったのだろうと思いながら、草木を薙ぎ払いつつ歩いてきて、ようやく少しは視野が開けたところまでやってきたというイメージでしょうか。そんな話をしたところで、仕方ないだろうと思うのです。

理由の2つ目は、講演会などで、性別を移行するに際して「つらかったこと」「苦しかったこと」の話を求める人がけっこういて、それに応じるのが、とても嫌だからです。それなりに長い人生ですから、苦しかったこと、つらかったこともあれば、楽しかったこと、うれしかったこともたくさんあるはずなのに、そういう人たちは、必ず前者だけを聞きたがります。なぜなら、マイノリティの苦労話を聞くことで、マジョリティとしての自分の優位性を確認したいからです。「ああ、私はマイノリティなんかじゃなくてよかった」という「上から目線」ですね。私としては「同情するなら仕事くれ！」と言いたくなるわけです。そうした経験の積み重ねが、私を「自分語り」嫌いにさせたのだと思います。

とはいえ、私が大学で講義し、この本で語っているジェンダー&セクシュアリティ論は、自分がトランスジェンダーとして社会の中で生き抜いてきた経験から体系化したものなので、まったく「自分語り」をしないわけにもいきません。そこで、第1回目の講義（ガイダンス）の中で、自己紹介を兼ねて、30分ほどを使って、「私の軌跡―新宿歌舞伎町の女装ホステスからトランスジェンダー研究者へ―」と題してお話ししています。この本の基本スタイルは「講義録」なので、プライベートなことについては、それをベースに簡潔にお話しして、あとは研究について、少し詳しくお話ししようと思います。

分裂した想いを抱いていた幼少期

私は1955年（昭和30年）、埼玉県秩父市の比較的恵まれた家庭の長男として生まれました。父は開業医でとても忙しく、母は2つ下の妹の世話があり、母方の祖母と過ごした記憶が多くあります。祖母と並んで寝たり、梅干し作りを手伝ったり。それと、記憶にはないのですが、写真を見ると、住み込みの准看護婦さんにおぶわれて子守りをしてもらっていたようです。つまり、周囲が割と女性ばかりの環境で育ちました。

子ども時代の私は身体が丈夫ではなく、性格的にも孤独癖が強く内向的で、両親はずいぶん心配したようです。両親の家はどちらも海軍の軍医だったので、両親とも広島県の呉《くれ》という、海のある環境で育った人です。そこで、夏の間、母方の親戚の別荘を3週間くらい借りて、小学生時代の夏休みを千葉県館山市の海辺で過ごしました。秩父の山の中の生まれ育ちなのに、泳ぎは海で、母親に日本古式泳法の水府流《すいふりゅう》を習いました。そんなこんなで、少しずつ身体が丈夫になり、小学校高学年の頃には、両親が期待した外で元気に遊ぶ男の子をできるようになりました。ただ、本当はひとりで本を読んでいるか、あるいは、孤独癖を心配して母が連れてきてくれた猫と遊んでいたかったように思います。両親が私のことを心配しているのは子ども心にもわかっていたので、勉強とスポーツに明け暮れる「普通の男の子」を頑張ってすることで、両親を安心させようとしていたのでしょう。

性別についての違和感

性別に対する違和感で最初に記憶があるのはバレエ教室です。実家の敷地内に祖母の家があり、その大広間をバレエ教室に貸していて、妹もそこでバレエを習っていました。当時のバレエ教室は女の子ばかりで、レッスンの間、私は庭でひとりで遊んでいるのですが、ある日、すごく腹が立って石を投げたことがありました。ガラス戸に届かず騒動にはなりませんでしたが、そこになぜ、自分がいられないのだろうという思いからでした。それを性別違和と呼んでいいのかはともかく、性別に伴う疎外感を覚えた初めての瞬間でした。

あと、よく思い出すのが、お正月に父方の一族が祖母の家に集まるときのことです。私の席は祖母と父の間。総領の跡取りという位置でした。叔父たちよりも私の席のほうが上座なのです。従妹は4人とも女の子で、妹も含め5人は隣の部屋の小さいテーブルでご飯を食べています。けれど私は大人に囲まれている。内心、向こうのテーブルに行って遊びたいのだけど、それは絶対に許されません。仕方がないとは思いつつも、やはりつらかったです。「あなたは男の子で跡取りなのだから、お父様の話をよく聞いていなさい」ということです。こうして、幼少期をふりかえると、分裂した想いを抱えていた気がします。かなり女性性が強い環境で育ったのに、何かのときには、あなたは男の子なのだからと、男性性を求められるわけです。

高校生の頃に、周りの男友達と女の子に対する感覚が違うことに気がつきました。恋愛対象ではあるけれど、性愛対象の感覚がなく、だから話についていけませんでした。仲良しの女友達は、幼稚園の頃からほとんど途切れませんでした。はっきり言ってモテました。でも、それは、女の子のほうからすれば、感覚的に「この人は安全だ」とわかっていたのだと思います。

両親とも医者の家に生まれ育った私は、高校2年まで医学部志望でした。夏休みのある日、父親が「医者になりたければなってもいいが、開業医にはなるなよ」と言い出しました。さらに「俺も医者になりたくてなったわけではない。まして開業医になるつもりはなかった。医者になるなら大学に残って研究の道に進め」と言います。医者になるイコール、父の跡を継いで開業医になるとばかり思っていたので、かなり衝撃でした。同時に、研究するのなら、なにも医学ではなく、当時、好きになり始めていた歴史学、日本古代史を研究したいと思い、進路を変更しました。

「もう一人の私」の実体化

東京に出てきて、大学生になり、2年生の頃、季節は秋でした。今はなき、東急東横線渋谷駅（地上）の2番線ホームで、前を歩いている女性のスタイリッシュな後ろ姿に目を奪われました。その時、心に浮かんだのは「あ、素敵だな、ああいうふうになりたいな」という思いでした。そうした思いは、その後、何度も起こりました。自分に女性への同化願望があることはぼんやり気づいていましたが、その時はっきりと自覚しました。「なんで、こんなことを考えてしまうのだろう？」と思い、大学の図書館で心理学や精神医学の本を読み漁りました。しかし、この時代（1970年代中頃）には「性別違和感」という言葉も「性同一性障害」という病名もありません。いくら本のページをめくっても、納得する説明には出合えませんでした。

結局、スイスの心理学者カール・グスタフ・ユングの「アニマ・アニムス」、つまり、男性にも女性の心（アニマ）がある、女性にも男性の心（アニムス）があるという、一種の二重人格説がいちばん近いかなと思いました。そう無理に自分を納得させても、女性同化願望は消えないわけです。20代は自分にとっていちばんつらい時代でした。

大学院に入った頃、神田神保町で古本屋めぐりをしていたとき、お店の表側半分は堅い本を並べているのに、奥半分にポルノっぽい雑誌を並べている二重構造の本屋がありました。そこで偶然、「アマチュア女装交際誌」と銘打たれた『くいーん』の創刊2号が平置きになっているのを見つけました。それまで男性から女性になる人というと、カルーセル麻紀さんのようなショービジネスや水商売の世界の人しかいないと思っていたので、「アマチュア女装」という世界の存在は大きな驚きで、強く惹かれるものを感じました。

その後、『くいーん』を毎号購読するようになり、そこに記されていた化粧マニュアルを参考に1986年、30歳のときに初めて女装し、ようやく「もう一人の自分」を実体化できました。そして、鏡の中の「私」に「順子」と名前を付けました。

「エリザベス時代」と「新宿時代」

1990年6月、36歳のとき、『くいーん』誌の発行母体が経営する女装クラブ「エリザベス会館」に通うようになります。在籍中は「競技女装」（女装者のミスコン）に打ち込み、1992・93年には「全日本女装写真コンテスト」の最多得票特別賞を連続受賞するなど第一線で活躍しました（図7－1）。エリザベス時代の4年間は、女装の本格的な技術を身につけ、長い間、悩んでいた容姿コンプレックスを解消できたという点で、その後の人生に大きな意味がありました。

1995年頃から、活動拠点を新宿の女装コミュニティに移し、自由でアクティブな社会性のある女装活動を目指し、イベントや女装旅行などを企画する親睦団体「Club Fake Lady（CFL）」を主宰しました。

【図7-1】1993年度「全日本女装写真コンテスト」で、最多得票特別賞・準グランプリ・写真技術賞を受賞

【図7-2】「ネオンが似合う女」になれた頃（新宿・歌舞伎町、『週刊SPA!』1997年4月27日号掲載）

また、歌舞伎町・区役所通りの女装スナック「ジュネ」やニューハーフ・パブ「MISTY」のゲスト・スタッフ（お手伝いホステス）を務め、水商売の世界を経験しました（図7―2）。

ほぼ毎週2回、歌舞伎町の夜の「女」として過ごした6年間は、私にとって遅い青春時代と言える、楽しく充実した時代でした。同時に大学の研究室しか知らない世間知らずな私にとって、歌舞伎町という巨大な盛り場の表と裏をつぶさに見聞できたことは、その後の研究の大きな糧《かて》となりました。

ちなみに、当時の私の二つ名は「誘蛾灯《ゆうがとう》の順子」姐さん。誘蛾灯とは、灯りで蛾などを誘い、水に落として殺す装置のことです。なぜそう言われたのかは、ご想像ください。

「エリザベス会館」から新宿歌舞伎町ホステス時代の話を書き始めるときりがないので省略しますが、この2つの時代のことは拙著『女装と日本人』の第5章に詳しく書きましたので、興味がおありの方は、そちらをご覧ください。

「戦後日本〈トランスジェンダー〉社会史研究会」の発足

プライベートな話が長くなりすぎました。ここからは研究の話をしましょう。

私は、1995年頃から、ジェンダーやセクシュアリティの問題を中心に、男性から女性へのトランスジェンダーとしての立場から社会的に発言する機会が増えました。テレビや雑誌などでのコメント、講演会、座談会などで自分の見解を述べながら、勉強不足を痛感し、もう一度、ちゃんと勉強したいと思うようになりました。

そんなある日、性同一性障害関係の集会で知り合った大学院生の杉浦郁子さんが、中央大学の矢島正見教授（当時）の使者としてやって来ました。たしか1998年の末だったと思います。用件は、「矢島研究室では、それまでゲイとレズビアンのライフヒストリー調査をやって、それが一段落したので、つぎは性同一性障害の人のライフヒストリー調査をしたい、ついては協力していただけないでしょうか」とのことでした。私は少し考えて、「性同一性障害の人は皆さんまだ若いので急いで取り掛からなくても大丈夫でしょう。それよりも、ご年配になっている、女装世界の長老の方のライフヒストリー調査を先にするのなら、協力させていただきます」とお返事しました。

そして、1999年2月、矢島先生を代表とする「戦後日本〈トランスジェンダー〉社会史研究会」が発足しました。まず、戦後刊行の雑誌に掲載された男装・女装・性転換・同性愛関係の記事を可能な限り網羅的に収集する文献調査を行いました。つぎに4人の方、女装世界の長老3人と典型的な女装者愛好男性（自分は女装しないが女装者が大好きな男性）1人のライフヒストリー調査を行いました。そして、8年間に8冊の報告書と、1冊の研究書を刊行しました。2006年に刊行した『戦後日本女装・同性愛研究』（中央大学出版部）は618ページの大著で、日本社会病理学会の出版奨励賞をいただきました。

この研究会で、私は社会学的なインタビュー調査の手法をはじめ、さまざまなことを学びました。そして日本におけるトランスジェンダー社会史研究の基礎を据えることができました。

この研究会からは、レズビアンの社会史研究の杉浦郁子さん（和光大学教授）、ゲイの社会史研究の石田仁さん（淑徳大学教授）、性同一性障害をめぐる言説研究の鶴田幸恵さん（元・立教大学教授）、国際人権法研究の谷口洋幸さん（青山学院大学教授）と、それぞれの分野の第一人者を輩出し、日本の性的マイノリティの学術研究に大きな役割を果たしました。

「出世作」になった論文

2002年に『中央大学社会科学研究所年報』に執筆した論文「現代日本のトランスジェンダー世界―東京新宿の女装コミュニティを中心に―」(『戦後日本女装・同性愛研究』に収録)は、新宿「ジュネ」時代の見聞をフィールドワークとしてまとめたものです。直後に中央大学が優秀論文として英訳の費用を出し、海外の大学に送ってくれました。

この論文の元ネタは「ジュネ」のお手伝いホステス時代に集めました。歴史学をやってきた人間の困った習性で、この新宿の女装世界はいつどのようにして始まったのだろう？　と疑問に思い、いろいろ知りたくなるのです。まず、薫ママに「『ジュネ』はいつ開店したのですか?」と聞きました。「え〜と、1978年よ。その前に『梢』というお店があってね」と教えてくれます。そのうち「順子は昔のことに興味がある」ということになり、「梢」に行ったことがあるという年配の男性客の席に呼ばれました。そのお客さんは「なんだ、お前、昔のことを知りたいのか?」と、マイクロミニから伸びた私の足を撫でながら(生足フェチの傾向あり)上機嫌で昔話をしてくれます(この方は、のちに学術的なライフヒストリー調査の協力者になります）。本当は聞きながらメモを取りたいのですが、ホステスとしてはそうもいきません。話を頭に刻みこみ、年次など数字関連だけは、お客さんを送ったあと、廊下でメモして、胸元に入れました。帰宅後、下着を脱ぐと、そうしたメモがいくつも落ちてきました。

そんな身体を張って集めた材料をまとめたものが、1999年秋の第72回日本社会学会・大会シンポジウム「『ミスター・ノーマル』のアイデンティティを問う」での報告になり、さらに論文化し、最終的には英訳「The transgender world in contemporary Japan : the male to female cross-dressers' community in Shinjuku」が海外の学術雑誌（『Inter-Asia Cultural Studies』7-2、2006年、香港）に転載され、私の「出世作」となりました。

【図7-3】第72回「日本社会学会・大会シンポジウム」で（1999年10月、東京・上智大学）

トランスジェンダー教員として大学の教壇に立つ

2000年度、矢島教授のサバティカルのお留守番として、中央大学文学部兼任講師（社会学）に任用され

「現代社会研究（5）」の講義を担当しました。まさか「三橋順子」として大学の教壇に立つ日が来ようとは、夢にも思いませんでした。日本初のトランスジェンダーの大学教員ということで、マスメディアに注目され、講義の初日には週刊誌が3つと業界専門誌の『ニューハーフ倶楽部』が取材に来ました。中でも写真週刊誌『FLASH』は見開きページで大きく報じました。週刊誌が店頭に並ぶと、中央大学のOBをはじめ、多くの抗議電話が大学にかかってきました。今では考えられないことですが、トランスジェンダーが大学の教壇に立つということは、それほど社会に衝撃的な出来事だったのです。

2005年度には、お茶の水女子大学のジュディス・バトラー翻訳の第一人者でフェミニズム理論の竹村和子先生に呼んでいただき、専論講座としては日本初となる「トランスジェンダー論」の講義を担当しました。お茶大は日本におけるジェンダー研究の総本山、数ある女子大学の最高峰。出講するたびに黄色が濃くなる銀杏《いちょう》並木を歩き、優秀な女子学生さんたちに講義した4カ月間は、今でも思い出深いものがあります。ただ、竹村先生が早く亡くなられた（2011年逝去）のは残念です。この時の講義ノートが、3年後に出版することになる最初の著書『女装と日本人』のベースになりました。

その後、多摩大学経営情報学部で「トランスジェンダー論」の講義を担当し（2007～10年度）、本書の「はじめに」に記した都留文科大学からのオファーになるわけです。都留文は富士山の麓に近いところにある小さな公立大学です。自宅から片道3時間、往復6時間の通勤は大変でしたが、今時珍しいくらい、まじめな学生さんが多く、充実した講義ができました。

結局、2010年度から21年度まで11年間、お世話になりました。

2011年度からは東京経済大学コミュニケーション学部で「ジェンダー関係論」を担当します（2018年度まで）。東日本大震災・福島原発事故の影響で講義開始が2週間遅れたのを覚えています。

2012年度からは社会学の平山満紀先生に呼んでいただき、現在も続いている明治大学文学部の「ジェンダー論」の講義が始まります。学生・院生時代に親しんだ神田神保町に戻ってこられたのがうれしかったです。

【図7-4】中央大学での初講義の日（2000年9月）

2014年度から、早稲田大学理工学院の「越境する文化」を担当（2020年度まで）。

翌2015年度からは関東学院大学人間環境学部で「セクシュアリティ論」の講義をしました（2021年度まで）。

「コロナ禍」で、自分の本分と考える対面講義ができなくなり、加齢による体力の衰えもあって、通勤が比較的楽な明治大学を除いて、2021年度限りで退任させていただきました。

その一方で、2021年度から慶應義塾大学法学部の招聘《しょうへい》講師として年3回「トランスジェンダーと法」というテーマの講義をしています。まさか、法学部で法律の話をすることになろうとは。

専任教員にはなれませんでしたが、大学の業務に縛られることなく、話したいことを話せる野良講師稼業は、組織が苦手な私には性に合っていたように思います。それもこれも、受講してくださった学生さんあってのことで、本当にありがたく思っています。

人事課とのトラブル

忘れていました。「はじめに」で、明治大学での講義を引き受けたあと、「そこからが大変で……（これについては後でお話しします）。」と書いた話を解説するのを。

実は、講師任用の際の履歴書の性別欄をめぐって人事課とトラブルになったのです。私の場合、自分のジェンダー（社会的性別）に従って「女」と書けば有印私文書不実記載になりかねないし、かといって「男」と書くのはジェンダー・アイデンティティに反するのでできません。

また「男女雇用機会均等法」の趣旨からも履歴書の性別欄は不要と考えるので、性別欄は不記載（空白）にしています。

今回もそうしたところ、人事課から性別欄に「『男』と書くように」というメモが付されて履歴書が戻ってきました。私が、先に記したような空白にする理由を説明したところ、「性別欄が空白の履歴書は前例がなく受け取れない」という返事。先例がないのは当たり前で、私が「初めて」なのですから。「それでは仕方がありません、講師就任はこちらからお願いしたことではありませんので、結構です」ということで任用手続きが完全に止まってしまいました。

私がなぜ妥協しないか、それはきっと私の後に続いてくれるだろうトランスジェンダーの大学教員に悪しき先例を残したくなかったからです。それが、トランスジェンダー大学教員のパイオニアである私の責務だと考えたからです。

結局、たかが一非常勤講師の人事に、学長さんが「履歴書をそのまま受け取るように」と人事課に指示を出し、私の任用は実現しました。明治大学は、安い給与で毎年度300〜400人の受講生を集めてさばける「お得」な講師を、性別欄ひとつのために危うく逃がすところだったのです。大学にとってどちらが得か、言うまでもないでしょう。10数年前のことですが、トランスジェンダーの就労には、まだまだ、さまざまな社会的障壁があるのが現実なのです。

【図7-5】性欲研究会、韓国・ソウル大学での共同研究会。左から古川誠さん、斎藤光さん、澁谷知美さん、私、井上章一先生

「性欲研究会」に参加する

時間を少し戻します。1999年、縁あって国際日本文化研究センター助教授（当時、現在は所長）の井上章一先生が主宰する「（関西）性欲研究会」に加えていただきました。井上先生、斎藤光さん（京都精華大学）、古川誠さん（関西大学）、澁谷知美さん（東京経済大学）、光石亜由美さん（奈良大学）など、日本のセクシュアリティ研究の第一線で活躍する研究者が集う研究会は、40代半ばで研究分野を変えた晩学の私にとって、なによりの学びの場になりました。年に4〜6回、京都に通うのは、経済的に苦しい時代だったので、けっこう大変でしたが、その費《つい》えに見合う、いえ、それ以上の知識と学問的刺激を得ることができました。2冊目の著書『新宿「性なる街」の歴史地理』に収録した論考の半分ほど、3冊目の『歴史の中の多様な「性」』の3分の1ほどは、この研究会で報告しました。研究者としての今の私があるのは、この研究会で鍛えてもらったか

らで、本当に感謝しています。

英訳された論文が、誰かの目に留まったのか、2000年代になると国際学会からお呼びが掛かるようになります。まず、2003年、台湾国立中央大学・性／別研究室主催の「国際シンポジウム：跨性別新世紀」（「跨性別」は中国語でトランスジェンダーのこと）に始まり、2005年、「第1回アジア・クィア・スタディーズ学会」（バンコク）、「第4回アジア・カルチュラル・スタディーズ学会」（ソウル）、2010年、チュラーロンコーン大学＆大阪大学共同開催シンポジウム「着衣する身体と異性装――日・タイの比較――」（バンコク）、そして2014年、「WPATH 2014 Symposium in Bangkok：Trans People in Asia and the Pacific」（バンコク）などで、日本のトランスジェンダー事情について報告し、できない英語で海外のトランスジェンダーの状況を聞き取ってくるというパターンです。また、バンコクでは、夜の盛り場のフィールドワークも、楽しくかつ有益でした。こうして、日本しか知らなかった私の視野

【図7-6】第1回「アジア・クィア・スタディーズ学会」（2005年7月、タイ・バンコク）

を、世界、とりわけアジアに拡げることができました。
また、「WPATH 2014 Symposium」では、性別移行の脱病理化の流れを実感することができたことも大きな収穫でした。

医学の世界と私

先に述べたように、私は医者になる環境に育ちながら、医者にならなかった人間です。自分の意志で医学とはまったく違う世界に進んだ私が、医学の世界に関わりを持つことになろうとは、つくづく不思議な縁だと思います。

1990年代半ば、「性同一性障害」という概念が日本に入ってきます。いろいろないきさつで、私は、1996年に発足した日本で最初の「性同一性障害」の自助・支援グループ「TSとTSを支える人々の会」（後に「TSとTGを支える人々の会」）に支援者として参加しました。その流れで1999年に発足した「GID（性同一性障害）研究会」（のちに「GID（性同一性障害）学会」に発展）に参加することになります。以来、毎年の研究大会には一度も欠かさず参加して勉強しています（皆勤は3人）。それだけでなく、2015、2018、2021年の研究大会では講演をさせていただきました。学会の理事でもない平会員が3度も講演をするのは異例のことで、とりわけ、20回記念大会（２０１８年、東京、大会長は針間克己先生）で「ＧＩＤ学会20年の歩みをふりかえる―医療者でもなく、当事者でもなく―」という特別講演をさせていただいたのは、光栄かつ、とてもうれしいことでした。

こうした「性同一性障害」と関わってきた過程で、自分が「門前の小僧」であることに気づきました。お寺の門前で育った小僧が「習わぬ経を読む」ように、医学雑誌がトイレに積んであるような環境で育ったせいで、一般の人とは身体についての知識や医学の基礎的な理解度がまったく違うのです。「ＧＩＤ学会」の先生たちも、「三橋さんは話が通じやすい」と気づくと、いろいろ教えてくださり、ますます医学知識が増えるという循環です。

２００９年、横浜国立大学で「グローバル化する欲望と身体―『性同一性障害論』に隠されてしまったもの」というシンポジウムが開催され、私も報告者の一人でした。そこに群馬大学医学部の服部健司教授（医療倫理）が、私ではない報告者の方を非常勤講師としてリクルートするために出席されていました。ところが、服部先生、シンポジウムが終わるやいなや、リクルート対象を変えて、私のところにやってこられました。毎年度１日２コマ「医の倫理学」の講座で話をして欲しいとのことです。驚きましたが、お断りする理由もなく、その場でお引き受けしました。前橋市にある群馬大学は、私が高校に通った熊谷市に近く、医学部志望時代に受験を検討していた大学のひとつで親近感がありました。実質はゲスト講師なのですが、国立大学医学部の慣例なのか、非常勤講師の辞令をいただくことになりました。形だけとはいえ、まさか私が医学部の教員になるなんて、思いもしなかったことがまた起こりました。

晩年の父に、「今度、医学部の非常勤講師になったんだよ」と伝えると、「お前が医学部でなにを教えるんだ？」と、もっともな疑問が返ってきたので、「子どもの頃から聞かされてきた医療倫理だよ」と答えると、半信半疑ながら「そうか、しっかりやれ」と言われました。少しは親孝行できたのでしょうか。

群馬大学での講義は、2022年度まで14年間も続くことになります。病に向き合い人の命に関わることになる医師の卵に、自分の考えを伝える仕事は、社会貢献という点で、とても充実感がありました。

こうして「門前の小僧」が医学の世界とお付き合いする上で、大きな支えになったのが「GID学会」で知り合った、精神科医の針間克己先生（はりまメンタルクリニック院長）です。針間先生は性同一性障害の臨床の日本における第一人者であり、「性的逸脱（パラフィリア）」にも広い見識を持っている方です。先生の論文や著書を読み、また直接、お話を聞くことで、私は、性別移行と医療というテーマについて、常に最先端の知識を得ることができました。医学部や看護学部で講義できるのも、医学・保健系の専門雑誌に論考を5〜6本書けたのも、針間先生からの学恩あってのことです。なかなか感謝の思いを伝える機会がないので、ここに記しておきます。

「見取り稽古」という言葉があります。剣術などで、師匠から直接、教えを受けるのではなく、師の動きや先輩の稽古を見ることで学ぶ稽古法のことです。私はどうもずっと「見取り稽古」をしてきたように思います。それを可能にしたのは、観察力と記憶力、そして見覚えたことを言語化する能力でした。大学や大学院でジェンダー学をきちんと学んだ研究者のように緻密な理論（それはときどき現実から遊離するのですが）を構築することはできませんが、常に「現場」視点で分析する瞬発力と応用力は身についたように思います。そして、それが私にとっての「時代を生き抜くための」力になったように思います。それを読者の皆さんに伝えることができれば、とてもうれしいです。

「終活」の一環として

まあ、私はこんな人です。口幅《くちはば》ったい言い方をすれば、1990年代後半から現在まで約28年間、学術・大学教育分野で日本におけるトランスジェンダーの社会進出を牽引《けんいん》してきた自負はあります。

同時に、日本という社会の中で、トランスジェンダーとしての自分がなし得ることの限界も感じました。あと何年生きられるかわかりませんが、残りの人生は自分の仕事をまとめることに専念したいと思っています。

「コロナ禍」真っ最中の2020年晩秋、私は3つの「終活」プランを立てました。ひとつ目はこの10年間に書きためた論考を論集にまとめること。これは2022年7月『歴史の中の多様な「性」―日本とアジア　変幻するセクシュアリティ』(岩波書店)として実現しました。2つ目は長年にわたって収集した1950〜60年代の性風俗雑誌(約500冊)をアーカイブ化すること。これは2022年6月「社会文化史データベース―性風俗稀少雑誌コレクション―」(丸善雄松堂)として結実しました。3つ目はビデオ(VHS)に録りためた1990〜2000年代のニューハーフ、女装、性同一性障害関係の番組をDVD化し、アーカイブ化すること。これは2023年3月「関西大学・トランスジェンダー関連デジタル映像アーカイブ(三橋コレクション)」として形になりました。この本は、そうした私の「終活」の4つ目なのです。

こうして振り返ると、思いもしなかったことがつぎつぎに起こった、充実した、そして楽しい研究者人生だったと思います。お世話になったすべての方に、心から感謝です。

おわりに

『これからの時代を生き抜くためのジェンダー&セクシュアリティ論入門』、お楽しみいただけたでしょうか？

読んでいただいた方はおわかりの通り、私のジェンダー&セクシュアリティ論は、大学・大学院で専攻した歴史学、学生時代から好きだった文化人類学、それと40代半ばになって勉強した社会学がベースで、そこに「門前の小僧」的な身体の知識やトランスジェンダーとしての社会経験が加わった「ごった煮」です。方法論的に正統な学問にはほど遠い異端です。「そんなものを大学で講義するのは社会的害悪だ！」という批判があるのも知っています。講義の中でもはっきり言っていますが、正統的なジェンダー論、セクシュアリティ論を学びたい方は、「参考文献一覧」にいくつかあげてありますので、そちらをお読みください。

校正作業をしながら思い出すのは、講義録を執筆した3年前、２０２０年のことです。「コロナ禍」で対面講義ができなくなり、オンデマンド講義の教材として動画配信などの技術がないローテクの私は、毎週1コマ分の講義録を執筆しなければならなくなりました。いくら自分の講義とはいえ、100分1コマの内容を文字化する作業は時間が掛かります。ふと思いついて計算してみたら、なんと時給500円以下……。なんとも過酷で割に合わない作業でした。それでも書き続けたのは、大学に来たくても来られない受講生への思いと、そして「いつか取り返してやる」という意地でした。

昔の言葉に「受領《ずりょう》は倒るるところに土をもつかめ」というものがあります。平安時代後期の地方行政官である「受領」の貪欲さを表したものですが、あえて前向きに意訳すれば「転んでもただでは起きない」ということです。私はずっとそう思ってやってきました。挫折の多い人生、そうでも思わなければ、生き抜いてこられなかったからです。そのあたり一般的な大学の先生とは「育ち」が違うということです。まあ、講義録の執筆に費やした時間と労力を「取り返す」ことができるとは、その時、本気で思ってはいませんでしたが。

この本には2023年度の明治大学文学部「ジェンダー論」の講義の「基礎編」8コマ分を収録しました。対象が受講生（3・4年生）から一般読者に変わったものの、講義内容をできるだけ忠実に再現するよう努めました。

講義では、この後、「応用編」に入り、「トランスジェンダーと社会」「衣服とジェンダー」「恋愛と結婚のジェンダー」（各2コマ）と続きます。

また、2021年度まで関東学院大学人間共生学部「セクシュアリティ論」で講義した「衣服とセクシュアリティ」（1コマ）、「江戸時代のジェンダー＆セクシュアリティ」（2コマ）、「買売春を考える」（4コマ）の講義録もあります。

いずれも今回の基礎編より話題が広がる分、「漫談」度が高まっておもしろいと思います。もしも関心を持ってくださる奇特な出版社がありましたら、ぜひお声をかけてください。お待ちしています。

と、書きましたが、欲張ってはいけませんね。今のご時世、大学教授でも、自分の講義録を書籍にできる人は多くありません。まして私は一介の野良講師、講義録の一部を書籍化できただけでも、ありがたく思わなければ。

お声をかけてくださった辰巳出版編集部の小林智広さんに末筆ながら御礼申し上げます。また、原稿の整理を助けてくださった方々、ありがとうございました。

2023年　秋彼岸

参考文献一覧

【はじめに】

イヴ・K・セジウィック（上原早苗・亀澤美由紀訳）『男同士の絆――イギリス文学とホモソーシャルな欲望』（名古屋大学出版会、２００１年）

ジュディス・バトラー（竹村和子訳）『ジェンダー・トラブル 新装版――フェミニズムとアイデンティティの攪乱』（青土社、２０１８年）

ミシェル・フーコー（渡辺守章訳）『性の歴史』（新潮社、１９８６年）

【第1講】

三橋順子「おかま」（井上章一＆関西性欲研究会『性の用語集』講談社現代新書、２００４年）

【第2講】

阿部恒久『ヒゲの日本近現代史』（講談社現代新書、２０１３年）

伊藤公雄・樹村みのり・國信潤子『女性学・男性学（改訂版）――ジェンダー論入門』（有斐閣、２０１１年）

伊藤公雄・牟田和恵編『ジェンダーで学ぶ社会学〔全訂新版〕』（世界思想社、２０１５年）

江原由美子・山田昌弘『ジェンダーの社会学 入門』（岩波書店、２００８年）

荻野美穂『ジェンダー化される身体』（勁草書房、２００２年）

何春蕤『「性／別」攪乱――台湾における性政治』（御茶の水書房、２０１３年）

清水晶子『フェミニズムってなんですか?』(文春新書、2022年)
瀬地山角『ジェンダーとセクシュアリティで見る東アジア』(勁草書房、2017年)

【第3講】
井上章一『パンツが見える。——羞恥心の現代史』(朝日選書、2002年)
岩井茂樹「『痴漢』の文化史——『痴漢』から『チカン』へ」(『日本研究』49集、2014年)
上野千鶴子「『セクシュアリティの近代』を超えて」(『日本のフェミニズム6 セクシュアリティ』岩波書店、1995年)
風間孝・河口和也・守如子・赤枝香奈子『教養のためのセクシュアリティ・スタディーズ』(法律文化社、2018年)
坂口菊恵『進化が同性愛を用意した——ジェンダーの生物学』(創元社、2023年)
中野明『裸はいつから恥ずかしくなったか——日本人の羞恥心』(新潮選書、2010年)
三橋順子「四十八手」「SM」「女王様」(井上章一ほか編著『性的なことば』講談社現代新書、2010年)

【第4講】
佐々木掌子『トランスジェンダーの心理学——多様な性同一性の発達メカニズムと形成』(晃洋書房、2017年)
伏見憲明『〈性〉のミステリー』(講談社現代新書、1997年)
三橋順子『女装と日本人』(講談社現代新書、2008年)

山内俊雄『性の境界――からだの性とこころの性』（岩波書店、2000年）

【第5講】
針間克己『性別違和・性別不合へ――性同一性障害から何が変わったか』（緑風出版、2019年）
三橋順子『「性」を考える――トランスジェンダーの視点から」（シリーズ 女性と心理 第2巻『セクシュアリティをめぐって』新水社、1998年）
三橋順子「ICD-11とトランスジェンダー」（『保健の科学』2020年4月号、杏林書院、2020年）

【第6講】
飯野由里子『レズビアンである「わたしたち」のストーリー』（生活書院、2008年）
石田仁『はじめて学ぶLGBT 基礎からトレンドまで』（ナツメ社、2019年）
石田仁ほか『躍動するゲイ・ムーブメント――歴史を語るトリックスターたち』（明石書店、2023年）
北丸雄二『愛と差別と友情とLGBTQ+――言葉で闘うアメリカの記録と内在する私たちの正体』（人々舎、2021年）
周司あきら・高井ゆと里『トランスジェンダー入門』（集英社新書、2023年）
ジュリー・ソンドラ・デッカー（上田勢子訳）『見えない性的指向 アセクシュアルのすべて』（明石書店、2019年）
ショーン・フェイ（高井ゆと里訳）『トランスジェンダー問題――議論は正義のために』（明石書店、2022年）

鈴木賢『台湾同性婚法の誕生――アジアＬＧＢＴＱ＋燈台への歴程』（日本評論社、２０２２年）
谷口洋幸『性的マイノリティと国際人権法――ヨーロッパ人権条約の判例から考える』（日本加除出版、２０２２年）
永易至文『ふたりで安心して最後まで暮らすための本――同性パートナーとのライフプランと法的書面』（太郎次郎社エディタス、２０１５年）
フリッツ・クライン（河野貴代美訳）『バイセクシュアルという生き方』（現代書館、１９９７年）
堀江有里『レズビアン・アイデンティティーズ』（洛北出版、２０１５年）
三橋順子「ＬＧＢＴと法律――日本における性別移行法をめぐる諸問題」（谷口洋幸編著『ＬＧＢＴをめぐる法と社会』日本加除出版、２０１９年）
森山至貴『ＬＧＢＴを読みとく――クィア・スタディーズ入門』（ちくま新書、２０１７年）
Ｌａｂｅｌ X編著『Xジェンダーって何？――日本における多様な性のあり方』（緑風出版、２０１６年）

【第7講】

三橋順子『新宿「性なる街」の歴史地理』（朝日選書、２０１８年）
三橋順子「トランスジェンダー大学教員として思うこと」（『学術の動向』２０１９年12月号、公益財団法人日本学術協力財団、２０１９年）https://www.jstage.jst.go.jp/article/tits/24/12/24_12_23/_article/-char/ja/
三橋順子『歴史の中の多様な「性」――日本とアジア 変幻するセクシュアリティ』（岩波書店、２０２２年）
矢島正見編著『戦後日本女装・同性愛研究』（中央大学出版部、２００６年）

三橋順子（みつはし・じゅんこ）
1955年、埼玉県秩父市生まれ、Trans-woman。性社会文化史研究者。明治大学文学部非常勤講師。専門はジェンダー＆セクシュアリティの歴史研究、とりわけ、性別越境、買売春（「赤線」）など。著書に『女装と日本人』（講談社現代新書、2008年）、『新宿「性なる街」の歴史地理』（朝日選書、2018年）、『歴史の中の多様な「性」―日本とアジア　変幻するセクシュアリティ』（岩波書店、2022年）。主な論文に「LGBTと法律　―日本における性別移行法をめぐる諸問題―」（『LGBTをめぐる法と社会』日本加除出版、2019年）、「「LGBT」史研究と史資料」（『ジェンダー分析で学ぶ 女性史入門』岩波書店、2021年）など。

装丁・デザイン	勝浦悠介
写真提供	Shutterstock（P47）／imagenavi（P48右）／ぱくたそ（P48左）
イラスト	蛸山めがね（P46、P124）
イラスト・図表作成	プラスアルファ

これからの時代を生き抜くための
ジェンダー＆セクシュアリティ論入門

2023年12月1日　初版第1刷発行

著者　三橋順子

発行人　廣瀬和二
発行所　辰巳出版株式会社
〒113-0033　東京都文京区本郷1丁目33番13号　春日町ビル5F
TEL 03-5931-5920（代表）
FAX 03-6386-3087（販売部）
URL　http://www.TG-NET.co.jp

印刷・製本　図書印刷株式会社

ISBN978-4-7778-2948-4 C0036